DAS ANTI-ÄRGER
PROGRAMM

KURT TEPPERWEIN
& FELIX AESCHBACHER

///////////////// SILBERSCHNUR /////////////////

Copyright © 1997 Verlag »Die Silberschnur« GmbH

ISBN: 978-3-89845-347-9

1. Auflage 1989, RVA Rubin Verlagsanstalt
2. überarbeitete Auflage 1997, Silberschnur Verlag unter dem Titel "Der Schlüssel zum Glück. Ein Anti-Ärger-Programm"
3. Auflage 2001
4. überarbeitete Auflage 2011 unter dem Titel "Das Anti-Ärger-Programm"

Gestaltung & Satz: XPresentation, Güllesheim
Umschlaggestaltung: XPresentation, Güllesheim; unter Verwendung des Motivs #5299632, www.istockphoto.com
Druck: Finidr, s.r.o. Cesky Tesin

Verlag »Die Silberschnur« GmbH
Steinstraße 1 · D-56593 Güllesheim
www.silberschnur.de · E-Mail: info@silberschnur.de

Inhalt

Einleitung

Liebe Leserin, lieber Leser,

sicher geht es Ihnen wie den meisten Menschen: Sie ärgern sich regelmäßig - manchmal mehr, manchmal weniger, aber immerhin: **Sie ärgern sich.** Über die Fliege an der Wand, über Ihren Nachbarn oder über die Politik. Was immer Sie auch aus dem Gleichgewicht bringt und für Ärger sorgt - er muss nicht sein. Wir wissen, wovon wir sprechen - wir haben uns schon seit Jahren nicht mehr geärgert und werden es wohl auch nicht mehr tun. Und auch Sie können dieses Ziel erreichen, wenn Sie sich mit den Ursachen des Ärgers sowie mit den Auswirkungen und den Vorteilen einer veränderten Einstellung befassen.

Ärger ist für manche schon zu einem Teil ihres Lebens geworden. Wir werden deshalb auch tiefer ansetzen, unsere Gedanken, unsere Einstellungen beleuchten und ein Programm erarbeiten, das Ihnen hilft, in Zukunft nicht nur dem Ärger ade zu sagen, sondern Ihr Leben insgesamt lebenswerter und schöner zu machen.

Ärger ist zerstörerisch und hindert Sie daran, Freude am Leben zu haben, es in seiner Vielfalt zu genießen. Sie lernen deshalb auch die drei Schlüssel kennen, die es Ihnen ermöglichen, sich nie mehr zu ärgern – und auch andere nicht mehr zu ärgern.

Wahres Bewusstsein ist hellwaches "Da-Sein". Sie werden mit diesem Buch lernen, ganz im Hier und Jetzt zu leben, um so Ihre eigene Bestimmung zu finden und zu verwirklichen. Sie werden dann leichter, freier und fröhlicher leben.

Wir haben das Buch so aufgebaut, dass Sie sich zuerst Erkenntnisse erarbeiten über sich selbst, über das Wesen des Ärgers, über die enormen Aspekte, die Ihnen das Leben bietet, sowie über die geistigen Gesetze. Diese Selbstanalyse hilft Ihnen, sich selbst und Ihre Ziele besser kennenzulernen. In praktischen Übungen lernen Sie anschließend, wie Sie diese Ziele auch erreichen können.

Wir wünschen Ihnen viel Freude und viel Spaß bei der Lektüre dieses Buches!

1. Kapitel – Ärger

Wie entsteht das Gefühl des Ärgers?

Ärger ist kein von Natur aus im Menschen angelegter Wesenszug. Es handelt sich hier vielmehr um ein Fehlprogramm, das gelöscht und durch ein neues, positives Programm ersetzt werden kann. Aber warum ärgert sich dann eigentlich jeder? Die tieferen Ursachen für unsere konstante Bereitschaft zum Ärgern finden wir in der Kindheit. Ein Kleinkind hat von Anfang an den Anspruch, seinen Wünschen und Bedürfnissen zu folgen. Es will alles haben, was es sieht, lässt die Dinge fallen, die es nicht mehr mag, und sieht in jeder Einschränkung und in jedem Verbot eine Ungerechtigkeit, gegen die es lauthals protestiert. So hat es auch bei uns angefangen, und vieles aus diesem kindhaften Verhalten haben wir uns auch in späteren Jahren erhalten. Wie viele Erwachsene gibt es, die versuchen, ihre Ansprüche lautstark durchzusetzen! Hier erkennen wir deutlich die Berechtigung folgenden Satzes: "Nur wenige werden erwachsen, die meisten werden nur alt."

Die meisten von uns sind fest davon überzeugt, dass Ärger etwas ist, das von außen kommt, das ein anderer uns zufügt. Deshalb glauben wir auch, dass Ärger nicht zu vermeiden ist. Wir ärgern uns, wenn uns jemand die Vorfahrt nimmt oder uns die Tür vor der Nase zuschlägt – wir ärgern uns über Probleme, über Dinge, die von außen kommen. Daraus folgern wir, dass dieses "Ärger-Gefühl" etwas Unabwendbares ist. Und hier begehen wir bereits den ersten Denkfehler!

Ärger ist auch eine schlechte Angewohnheit, die wir von Eltern, Geschwistern oder Freunden übernehmen, doch überwiegend stellt sich Ärger als Folge einer unberechtigten Erwartungshaltung ein. Wir haben nämlich nicht das Recht, von unserer Umwelt, vom Leben oder von einem anderen Menschen irgendetwas zu erwarten. Mit dieser Einsicht kommen wir schon wieder einen Schritt weiter. Wenn ich etwas von einem anderen Menschen, von einer Sache, vom Leben oder von der Zeit erwarten, steht die Chance, meine Erwartung erfüllt zu bekommen, etwa tausend zu eins. Die Chance, mich zu ärgern, erhöhe ich allerdings um ein Tausendfaches ... Tritt aber dann tatsächlich das ein, was ich erwarte, macht es mich nicht einmal mehr glücklich, weil ja lediglich meine Erwartung erfüllt wurde, und das ist nichts Besonderes. Stellen Sie sich aber einmal vor, was passiert, wenn Sie selbst Ihre Erwartungen auflösen – **alle** Erwartungen. Die Folge ist, dass – wie bisher auch – 50 Prozent Unangenehmes geschieht. Nun gut, Sie können nicht glauben, dass nur Angenehmes passiert – aber das ist dann auch kein Grund zum Ärgern. Doch 50 Prozent entwickeln sich positiv – und damit haben Sie nicht gerechnet. Sie haben jetzt also sogar einen Grund, sich zu freuen. Wenn Sie sich öffnen für eine neue Lebenseinstellung, dann haben Sie einen riesigen Vorteil: Ihr Leben verändert sich von ganz allein – nur durch Ihre neue Einstellung!

Der Generalbevollmächtigte eines großen Konzerns hatte mit solchen Gedanken zuerst Schwierigkeiten: "Wenn ich nun aufhöre, von den leitenden Mitarbeitern etwas zu erwarten, dann dauert es nicht lange, bis alles drunter und drüber geht." Dieser Auffassung mussten wir widersprechen. Natürlich hatte er ein Recht, von seinen Angestellten etwas zu verlangen, schließlich zahlte er ihnen ein gutes Gehalt. Er bot eine Leistung – also konnte er eine Gegenleistung **verlangen**. Verlangen – nicht erwarten! Hier handelt es sich nicht um eine Wortspielerei. Verlangen heißt: Ich gebe vor, was ich für mein Geld verlange, und ich sorge dann auch dafür, dass dies geschieht. Ich kontrolliere die Ausführung. Wenn meine Anforderung nicht erfüllt wird, ärgere ich mich nicht, doch ich sorge dann noch nachdrücklicher dafür, dass mein Verlangen erfüllt wird. Ich drohe eine Strafe an oder versetze den Mitarbeiter – aber ich ärgere mich nicht. Ich bin aktiv, ziehe Konsequenzen. Würde ich mich aber ärgern, was würde sich dadurch ändern? Nichts.

Wenn Sie Ihren Kindern das eine oder andere sagen, dann müssen Sie oft lange warten, bis etwas passiert. Unter Umständen müssen Sie sich sehr oft wiederholen, um ab und zu einen Erfolg zu verbuchen. Wir sollten also lernen, Geduld zu haben. Es wird uns leichter fallen, wenn wir erkennen, dass die Dinge um uns herum nicht so sind, wie wir sie gerne haben möchten. Es ist aber nicht der

Sinn unseres Lebens, uns darüber zu ärgern. Wir sollten unsere Energie lieber darauf verwenden, dass alles so wird, wie es sein soll.

> »Solange du dem anderen sein Anderssein nicht verzeihen kannst, bist du noch weit entfernt vom Weg zur Weisheit.«
> Chinesische Weisheit

Man kann sich zum Beispiel auch über Zudringlichkeit ärgern. Aber auch dieser Satz beinhaltet bereits eine Erwartungshaltung, nämlich dass der andere höflich und rücksichtsvoll zu sein hat. Wir müssen akzeptieren, dass jeder Mensch das Recht hat, so zu sein, wie er ist. Ich muss damit rechnen, dass der andere unhöflich, ungeduldig und taktlos ist. Ich kann das zur Kenntnis nehmen und kann gleichzeitig für mich die Entscheidung treffen, dass ich mit einem Menschen, der sich so verhält, nichts zu tun haben möchte.

Konfuzius sagte:
> »Der Weise verlangt alles von sich und nichts von den anderen.«

> Fazit: Schuld am Ärger bin immer ich.
> Nichts und niemand auf der Welt kann
> mich überhaupt ärgern. Ich aber kann
> mich über alles ärgern.

Ich kann den geringsten Anlass nehmen, um mich zu ärgern: das Wetter, die Politik, meinen Nachbarn. Aus jeder Mücke kann ich einen Elefanten machen. – Ich kann es aber auch bleiben lassen. Das ist **meine** ganz persönliche Entscheidung. Wenn sich dieser Gedanke in meinem Bewusstsein verankert hat, dann habe ich mich abgekoppelt von der scheinbaren Unabwendbarkeit des Ärgers.

Ärger ist einer der häufigsten Faktoren für die Entstehung von Krankheiten. Es gibt viele Arten, seinen Ärger zu äußern. Der eine frisst ihn in sich hinein, der andere schreit herum, schreit ihn heraus. Ganz egal, wie wir mit unserem Ärger umgehen, wir sollten uns immer fragen, ob wir dem Objekt unseres Ärgers nicht vielleicht Unrecht tun. Wenn wir uns ärgern und dieses negative Gefühl äußern, tun wir jedes Mal mindestens einem damit Unrecht. Entweder demjenigen, den wir anbrüllen, oder uns selbst, indem wir den Ärger unterdrücken, ihn in uns hineinfressen und damit unsere Gesundheit ruinieren. Denn was wir auch als Anlass für unseren Ärger genommen haben, mit dem eigentlichen Ärger hat das gar nichts zu tun. Wir sollten nämlich erkennen und es uns immer wieder bewusst machen, dass es nichts gibt, was uns ärgern kann - weder eine Sache noch ein Mensch. Der Einzige auf dieser Welt, der Sie ärgern kann, sind **Sie** selbst. Sogar unsere Sprache macht dies deutlich: "Ich ärgere **mich** über ..." Keiner kann mich zwingen, mich zu ärgern. Mit dieser Erkenntnis können wir dann auch nicht mehr sagen: "**Der** oder **die** ist schuld", sondern wir müssen uns folglich selbst eingestehen: "**Ich** bin schuld."

Wie reagieren wir
auf Ärger?

Wir reagieren keinesfalls nur mit dem Verstand auf Ärger, sondern sehr stark auch mit dem Gefühl, mit unwillkürlichen Verhaltensweisen. Oft ärgern wir unsere Mitmenschen nur, um unseren eigenen Ärger loszuwerden. Die eigene Entlastung ist dabei zweifelhaft, sicher ist nur die Belastung des anderen und folglich auch die Belastung unserer zwischenmenschlichen Beziehung. Machen Sie sich bewusst: Solange wir uns ärgern, bestrafen wir uns für die Mängel und Ungeschicklichkeiten anderer. Da Ärger aber in Wirklichkeit nur aus uns selbst kommt - was immer wir auch als Anlass nehmen -, kann er auch nur in uns und durch uns aufgelöst werden.

Fazit: Jeder kann sich jederzeit
das Ärgern abgewöhnen.

Als Entschuldigung für eine Verärgerung hören wir oft: "Ich bin ja so sensibel!" - Mutter sprach von Hilde schon immer als "unser Sensibelchen". Hilde brach nämlich als Kleinkind schon bei einem lauten Wort in Tränen aus, liebte später romantische Klaviermusik und schwärmte träumerisch von einem indischen Guru. Auch auf Prof. Hüppke musste die ganze Familie Rücksicht nehmen. Wenn im Familienkreis etwas beschlossen wurde, was ihm nicht gefiel, bekam er Herzstechen; wenn der Sohn mit schlechten Noten nach Hause kam, erlitt er einen Migräneanfall - und die ganze Familie nahm Rücksicht auf seine zarte Seele. Frau Blumschmitt hingegen hatte keine Freunde mehr, weil sie es nicht ertragen konnte, wenn jemand eine eigene Meinung hatte und es ihr auch noch sagte. Sie war viel zu sensibel, um mit starrsinnigen Menschen umzugehen. - Betrachten wir unsere "Sensibelchen", so stellen wir fest, dass sie in Wirklichkeit neurotisch, rechthaberisch und tyrannisch sind. Mit Sensibilität hat das nicht im Entferntesten zu tun. Das Wort "sensibel" leitet sich ab von dem lateinischen Begriff "sentire" = "fühlen, empfinden, wahrnehmen". Gerade die Empfindsamkeit fehlt aber den meisten

Menschen, die sich selbst so gern als feinfühlig bezeichnen. Sie sind nämlich nicht empfindsam, sondern empfindlich.

Ein wirklich sensibler Mensch ist ein angenehmer, selbstsicherer und einfühlsamer Zeitgenosse, den diese Eigenschaften viel unempfänglicher für Ärger machen. An äußeren Merkmalen, wie zum Beispiel einem zarten Körperbau oder dünner Haut, ist der Sensible jedoch nicht zu erkennen. Max Schmeling zum Beispiel gehört durchaus zu den sensiblen Menschen, denn wie hätte er ohne sein feines Wahrnehmungsvermögen Weltmeister werden können? Er war kein Schläger, sondern ein intelligenter Kämpfer. Auch Pablo Picasso hätte man vom Äußeren her eher in den Boxring gestellt, als in ihm einen sensiblen Künstler, der die feinsten Skizzen zeichnete, zu erkennen. Sensibilität ist nicht von Äußerlichkeiten abhängig – weder vom Aussehen noch vom Beruf, sondern sie ist ein innerer Wert. Wer wirklich sensibel ist, spricht nicht darüber, ja oft weiß er nicht einmal um diese seine Qualität, aber seine Umwelt bemerkt sie sehr wohl.

Es gibt viele Arten, mit seinem Ärger umzugehen. Die einen beißen sich auf die Lippen, werden rot, die anderen werden blass und müssen sich vor Schwäche hinsetzen. Viele verletzen durch Wutausbrüche ihr Gegenüber, ohne danach zu fragen, ob sie Recht haben oder einfach nur unkontrolliert ihrem Ärger "Luft machen". Ärger ist auf jeden Fall immer die Folge einer schlechten Gefühlskontrolle und mit vielen Nachteilen verbunden. Die Vitalität wird herabgesetzt, der Blutdruck steigt und Krankheiten werden geradezu angezogen. Kopfschmerzen, Magengeschwüre, Mattigkeit und schlechter Schlaf, der mit schlechter Laune einhergeht, werden zu sichtbaren körperlichen Merkmalen des Ärgers. Eigentlich kann es sich niemand leisten, sich zu ärgern.

Nicht der Anlass des Ärgers ist wichtig, sondern die Art, wie der Einzelne auf bestimmte Ärgernisse reagiert, wie er die Situation einschätzt, wie wichtig er sie nimmt und wie er damit fertig wird. Alles hängt von unserer Einstellung ab. Nicht nur, ob wir uns ärgern, sondern noch sehr viel mehr: Ob wir ein erfülltes, harmonisches und glückliches Leben führen oder nicht.

Welche Auswirkungen hat Ärger?

Je häufiger und intensiver der Ärger erlebt wird, desto stärker sind die Auswirkungen auf die Gesundheit. Große Belastungen haben langfristige Folgen für den Gesundheitszustand; kleine Ärgernisse wirken sich stärker auf das momentane Befinden aus. Erstaunlich ist übrigens, dass positive Erlebnisse vor einem "Ärger-Zustand" ohne Wirkung auf das folgende negative Ärgergefühl sind. Ärger wirkt sich also auf die ganze Person aus.

Wir reagieren

- mit dem Verstand,
- mit dem Gefühl,
- mit unwillkürlichen Körperreaktionen,
- mit zielgerichtetem Verhalten.

Nehmen wir als Beispiel eine halbtags berufs-
tätige Mutter mit drei Kindern. Die junge Frau ist
nicht einfach nur im "Stress", sondern bei ihr läuft
Folgendes ab:

• **Verstand**

Sie mobilisiert ihr Gehirn, überlegt sich Gründe,
warum es gut für die Kinder ist, immer die Mutter
um sich zu haben. Vielleicht versucht sie auch, den
manchmal aufsteigenden Ärger, wenn die Kinder sie
zu sehr mit Beschlag belegen, zu analysieren. Oder
sie überlegt, welche Beschäftigung sie den Kindern
anbieten kann, damit sie in Ruhe das Abendessen
vorbereiten kann.

• **Gefühle**

Sie fühlt sich überlastet, ausgeliefert; ist ärgerlich,
dass sie wegen der Kinder nicht ihren eigenen Interessen nachgehen kann. Auf jeden Fall ist sie nervös
und fährt beim geringsten Anlass gleich aus der Haut.

• **Körperreaktionen**

Sie hat ein dumpfes Gefühl im Magen, oft keinen
Appetit und leidet unter Schweißausbrüchen und
Herzklopfen.

• Verhalten

Sie bewegt sich hastig, Geschirr geht leicht zu Bruch, sie fährt unkonzentriert Auto und schreit auch schon mal die Kinder an.

Wir brauchen dieses Beispiel nicht weiter auszuführen. Jeder von uns hat schon ähnliche Erfahrungen gemacht, ähnliche Reaktionen verspürt. Für unsere Überlegung ist es wichtig zu erkennen, dass der Körper immer auf die Stimmung eines Menschen reagiert. Oft wird uns das nur in belastenden oder bedeutsamen Situationen bewusst. Redensarten wie "Das schlägt mir auf den Magen", "Mir stehen die Haare zu Berge" oder "Das Herz hüpft vor Freude" weisen jedoch darauf hin, wie sehr Seele und Körper miteinander verbunden sind. Diese Bindung ist so stark, dass Gedanken, Gefühle und Erlebnisse körperliche Veränderungen hervorrufen können, was auch die moderne medizinische Forschung inzwischen beweisen konnte. Das Gleichgewicht ist immer dann gefährdet, wenn ein Mensch mit Belastungen konfrontiert wird – körperlicher oder seelischer Art –, denen er nicht gewachsen ist oder denen er sich nicht gewachsen fühlt; so dass sie ihn im wahrsten

Sinne des Wortes "aus dem Gleichgewicht" bringen können. Je nach Widerstandskraft reagiert er dann auch im Bereich der unwillkürlichen Körperreaktionen früher oder später mit Störungen – bis hin zur Erkrankung. Sicher kennen Sie auch den sogenannten "Hampelmann-Effekt": Der eine zieht, und der andere springt. Wir wissen oft recht genau, wo wir bei wem ziehen müssen, um ihn springen zu lassen. Durchbrechen Sie diesen Mechanismus sowohl aktiv wie auch passiv, das heißt "ziehen Sie nicht am Schnürchen", und reagieren Sie nicht, wenn jemand bei Ihnen den Hampelmann-Effekt ausprobieren will. Wer sich durch Beschimpfungen kränken lässt, zeigt damit nur, dass es ihm an Klugheit und Selbstvertrauen mangelt. Eine Beschimpfung schafft noch keine veränderte Situation. Sie zeigt lediglich, dass der andere nicht in Harmonie mit sich selbst ist – wir sollten ihm lieber helfen, sich zu fangen, und nicht noch mehr Disharmonie verursachen. Befreien Sie sich auch von Schuldgefühlen, und ärgern Sie sich nicht über Fehler, die Sie in der Vergangenheit gemacht haben. Lernen Sie lieber daraus, und machen Sie es in Zukunft besser. Es wird der Zeitpunkt kommen, an dem Sie dankbar sind für

Ihre Fehler, denn sie geben Ihnen die Möglichkeit, sich zu entwickeln. Erkennen Sie, dass Sie seinerzeit nicht anders handeln konnten oder nicht willens waren, sich anders zu verhalten. Ziehen Sie die Konsequenzen daraus, und lassen Sie den Fehler los. Er hat seine Schuldigkeit getan. Verzeihen Sie sich, und lernen Sie zu leben – leben heißt lernen!

Worüber ärgern wir uns?
Worüber freuen wir uns?

Die beiden nächsten Seiten sind Arbeitsbögen, die Sie spontan ausfüllen sollten. Sie wollen ja Ihr Ziel erreichen, also sich nicht mehr ärgern. Ihr Fortschritt sollte anhand dieser Aufstellung sichtbar werden: Die Liste der Freuden sollte sich verlängern, während die Ärger-Liste schrumpft, bis Sie eines Tages ein leeres Blatt vor sich haben. Machen Sie jeden Monat, zum Beispiel jeden ersten Montag im Monat, eine "Bestandsaufnahme", und vergleichen Sie sie mit Ihrer ersten Liste hier im Buch.

Ich freue mich über ...

1.

2.

3.

4.

5.

6.

7.

8.

9.

Ich ärgere mich über ...

1.

2.

3.

4.

5.

6.

7.

8.

9.

»Probleme« machen Ärger

Wir haben 100 Studenten gebeten, ein Jahr lang Buch zu führen über ihre Freuden und Ärgernisse. Es ist dies natürlich kein repräsentativer Querschnitt, weil die Schwerpunkte bei Studenten anders gelagert sind als bei Berufstätigen, aber dennoch konnten wir interessante Erkenntnisse aus den Antworten herauslesen.

Ärgernisse:

- Gewichtsprobleme
- Krankheit
- Verteuerung der Lebenshaltung
- Hausarbeit
- Arbeitsüberlastung

Freuden:

- harmonisches Verhältnis zur Familie und Freunden/Partnern

- Erfüllung einer Aufgabe
- sich gesund fühlen
- Verantwortung tragen

Diese Liste würde in einem anderen Land oder bei einer anderen Bevölkerungsgruppe vollkommen anders aussehen. Gemeinsam aber wird allen Aufstellungen sein, dass es **Probleme** sind, die Ärger schaffen. Wir ärgern uns also über Schwierigkeiten. Doch was sind eigentlich Schwierigkeiten? Sie entstehen eigentlich nur dadurch, dass unsere Vorstellungen nicht in Übereinstimmung sind mit den realen Umständen. Warum ändere ich dann nicht meine Vorstellungen? Was hindert mich daran, nichts mehr zu erwarten? Sobald ich nämlich nichts erwarte, entfällt jeder Grund, mich zu ärgern. Die Umstände können nicht mehr mit meinen Wünschen kollidieren.

Schwierigkeiten sind der Sinn des Lebens – so wie das Lernen der Sinn der Schule ist. Schwierigkeiten machen mich aufmerksam auf meine eigenen Unzulänglichkeiten. In dem Maße, in dem ich meine Unzulänglichkeiten abbaue, verschwinden auch die Schwierigkeiten.

Fazit: Es gibt keine Wirkung (Ärger), wenn keine Ursache (Erwartung) vorhanden ist.

Ich ärgere mich auch nicht, dass andere sich darüber ärgern, dass ich mich nicht ärgere!

Stellen wir doch einmal die Vor- und Nachteile des Ärgers einander gegenüber, damit wir hier ganz **klar** sehen.

Nachteile des Ärgers

- Zeitvergeudung
- Nervenverschleiß
- Energieverlust
- Kopfschmerzen
- Appetitlosigkeit
- Magendruck (bis hin zum Magengeschwür)
- Schlaflosigkeit
- negatives Weltbild
- gebrochene Vitalität, geringere Lebenskraft
- weniger Lebensfreude
- Verbitterung
- Verdrossenheit, schlechte Laune
- mürrische Ausstrahlung
- schlechtes Aussehen

Vorteile des Ärgers

Keine.

Vielleicht sind Sie geneigt, hier "sich Luft machen" einzusetzen - doch das ist lediglich ein Scheinvorteil, denn der Ärger ist ja schon existent. Aber Sie wollen lernen, nicht mehr in eine Situation zu kommen, in der Ärger überhaupt aufkommen kann. Sie wollen nicht nur den richtigen Umgang mit der Ärgerenergie lernen, sondern diese Energie nach Möglichkeit gar nicht erst entstehen lassen.

Stellen Sie sich ärgerliche Situationen in Ihrem Leben vor, und dann stellen Sie sich vor, wie Sie sich gerade in dieser für Sie schwierigen Situation ideal verhalten, damit kein Gefühl des Ärgers aufkommt. Verbinden Sie dieses neue Verhalten mit einem Gefühl der Freude. Dadurch entsteht in Ihnen ein positives Gefühl, während Sie früher eine solche Situation als negativ beurteilt haben. Diese Methode wird **mentales Umerleben (Imagination)** genannt. Gerade der tägliche "Kleinärger" ist viel schädlicher als die großen Schicksalsschläge. Erstaunlicherweise sind fast alle Menschen in der Lage, sich den wirklich großen Problemen des Lebens zu stellen und eine Lösung zu finden. Die wenigsten sind hingegen fähig, mit den kleinen, sich ständig wiederholenden Ärgernissen des Alltags fertig zu werden. Nicht einmal Freude kann den Ärger kompensieren - die negativen Auswirkungen bleiben bestehen. Der Anlass des Ärgers ist dabei nicht von Bedeutung, sondern immer nur die eigene individuelle Reaktion auf diesen Anlass. Zahlreiche wissenschaftliche Untersuchungen untermauern diese traurige Feststellung. Es gibt keine ärgerlichen Dinge - es gibt nur Dinge, die wir selbst bewerten. In der christlichen Lehre finden wir folgendes geistige Gesetz: "Richtet nicht, auf dass ihr nicht gerichtet werdet, denn mit dem Maß, mit dem ihr messt, werdet ihr gemessen werden." Wer nicht erwartet, bewertet nicht - richtet nicht!

In diesem Zusammenhang sollten wir uns auch kurz mit Kritik und Lob befassen: Lob oder Kritik an mir ist immer nur die Meinung eines anderen, die richtig oder falsch sein kann. Hat der andere recht, dann bin ich ihm dankbar, dass er mich darauf aufmerksam macht und mir so Gelegenheit gibt, an mir zu arbeiten, mein Bewusstsein zu erweitern - mich zu verbessern, indem ich Falsches loslassen kann. Ist seine Meinung über mich falsch, dann habe ich erst recht keinen Grund, ärgerlich zu sein, denn er hat sich einfach nur geirrt. Jeder Mensch hat das Recht, sich zu irren. Lobt er mich, so freue ich mich, dass er eine gute Meinung von mir hat, bin mir aber gleichzeitig bewusst, dass dadurch keine veränderte Wirklichkeit geschaffen wurde. Auch das Lob ist nur die Meinung eines anderen über mich. Ich kann mich sowohl bei Lob wie auch bei Kritik ruhig und gelassen verhalten. Allerdings sollte ich immer prüfen, ob und was ich an mir verbessern kann. Welchen Grund hat nun eine Erwartungshaltung?

Geltungsbedürfnisse, Eitelkeit, Selbsterhaltungstrieb, ja auch kindliche Unreife. Nehmen wir zum Beispiel den Ärger über die Untreue. Untreue gibt es nicht. Ärger darüber ist schlicht verletzte Eitelkeit ("Wie kann er mich wegen dieser dummen Ziege verlassen!"). Es ist das Ego, das sich hier aufbäumt

("Wie kann er meinen guten Ratschlag, den ich ihm gegeben habe, in den Wind schlagen?!").

Petrus hat einst Jesus gefragt: "Herr, wie oft soll ich meinem Bruder vergeben? Ich habe ihm jetzt sieben Mal vergeben." Die Antwort lautete: "Du sollst ihm sieben Mal und weitere sieben Mal vergeben." Das heißt, immer und immer wieder - bis er es nicht mehr braucht.

Kurt Tepperwein erhielt einmal während einer Meditation von seiner inneren Stimme folgende Information, die ihn zutiefst erschreckte. Der innere Meister sprach: "Verzeihe niemals!" Betroffen von dieser Information, niemals zu verzeihen, grübelte er darüber nach, wie diese Botschaft wohl gemeint sein könnte, als er wieder seine Stimme hörte: "Denn wenn du jemandem verzeihen kannst, musst du ihn zuvor verurteilt haben."

Fazit: Wir sollen nicht urteilen und schon gar nicht "ver-urteilen", dann gibt es auch nichts zu verzeihen.
Aus diesem Grund kann uns Gott nichts verzeihen, weil er uns nichts vorwirft.

2. Kapitel

Lebenseinstellung

Wir haben uns also entschieden, nicht nur älter, sondern auch erwachsen zu werden, und wir haben uns dafür entschieden, ein Leben ohne Ärger zu führen. Wir möchten intensiver und folglich glücklicher leben. Um diese Vorstellung zu realisieren, müssen wir tief in unserem Inneren ansetzen, unser Verhalten kritisch prüfen, falsche Leitbilder loslassen und durch positive Programme ersetzen. Das Leben ist ein ständiger Lernprozess, der niemals aufhört – und nur wer dies erkennt, wird Erfüllung finden können. Der Sinn des Lebens ist die Evolution. Für uns bedeutet das, unser Bewusstsein zu entwickeln, die enormen Möglichkeiten, die in uns angelegt sind, zu entdecken und zu nutzen. In diesem Zusammenhang sei auch gesagt: Wir sollten in Zukunft nicht mehr von "Problemen" sprechen, sondern dieses Wort lieber durch "Schwierigkeit" ersetzen – denn Probleme gibt es nicht.

Das Problem –
ein Lernprozess

Ein Problem wäre eine Schwierigkeit, für die es keine Lösung gibt. Da es jedoch für jede Schwierigkeit eine Lösung gibt, kann es keine Probleme geben. Jeder von uns hat schon eine Vielzahl von Problemen gelöst. Denken Sie nur einmal an Ihre Schulzeit, an die Grundrechenarten. Wir wussten zuerst nicht, wie wir 2 und 2 zusammenzählen sollten. Doch wir haben es gelernt, haben uns die Zusammenhänge erarbeitet und dadurch dieses Problem gelöst. Wir können jederzeit alle Aufgaben lösen, wenn wir unsere Unwissenheit beseitigen und unsere "Er-Kenntnisse" umsetzen. Am besten kommen wir im Leben voran, wenn wir in Schwierigkeiten eine Herausforderung sehen und uns folgende Einstellung zu eigen machen könnten: "Schön, dass ich wieder ein Problem habe. So werde ich richtig gefordert, muss mich anstrengen, kann wieder etwas Neues lernen und bin gezwungen, mein Bewusstsein zu erweitern. Das ist wunderbar."

Aber wer denkt schon so? Kaum jemand. Die meisten Menschen versuchen, sich an einem Problem vorbeizumogeln; sie versuchen, die Probleme zu negieren, und wünschen sich nichts mehr als ein problemloses Leben. Doch ein Leben ohne Probleme wäre absolut sinnlos, wäre nicht lebenswert – vergleichbar mit der Schule, aus der man den Unterricht entfernte. Sicher wären die Kinder damit einverstanden, aber der Sinn der Schule ist schließlich der Unterricht, der den Kindern zwar nicht sehr lieb, der aber doch notwendig ist. Die ganze Schule wäre sinnlos, würde man den Unterricht weglassen. Genauso ist es mit dem Leben. Ein Leben ohne Probleme hat keinen Sinn, weil keine Evolution mehr stattfinden würde. Wir wären nicht mehr gefordert, bräuchten uns nicht mehr anzustrengen. Es würde sich aber auch nichts mehr verändern. Alles wäre in Ordnung, und wir wären zufrieden. Aber: Wir würden auf der Stelle treten, vielleicht sogar zurückfallen. Aus diesem Grund ist es notwendig, dass wir eine ganz neue Einstellung zu unseren Problemen finden. Wir sollten erkennen, dass es der Zweck unseres Lebens ist, ständig neuen Schwierigkeiten zu begegnen, und dass der Sinn unseres Lebens darin besteht, diese Schwierigkeiten optimal zu meistern und daran zu wachsen und zu reifen. Dadurch erfüllt sich die Evolution. Wir werden vom Leben "ge-fördert", indem wir "ge-fordert" werden. Jeder kann das in seinem eigenen Leben nachvollziehen. Wir werden vom Leben sogar gezwungen, erfolgreich zu sein, um damit die Evolution voranzutreiben. Wir dürfen und können nicht stillstehen. Tun wir das doch, dann erhalten wir "Lebens-Nachhilfe" durch die beiden "Nachhilfelehrer" des Schicksals: Krankheit und Leid. Wir können vor einem Problem nicht davonlaufen – es holt uns immer und überall ein. Wenn wir uns einer Aufgabe nicht stellen, zwingen wir nur das Schicksal, uns immer wieder mit diesem Problem zu konfrontieren, und zwar so lange, bis wir es gelöst haben. Dieser Prozess kann sich über viele Leben erstrecken.

Unsere Vorstellung vom Leben

Viele Menschen glauben, dass Probleme durch Umstände, durch Dinge, durch Beziehungen – also immer von außen – entstehen. Dies ist jedoch ein Irrtum. Ein Problem entsteht durch die eigene feste Vorstellung, die wir von den Umständen haben. Hier gibt es zwei Möglichkeiten, diese Vorstellung zu ändern: entweder von außen oder von innen. Eine Änderung von außen erfolgt durch eine Veränderung der Dinge, die uns nicht gefallen. Das ist nicht immer möglich, und deshalb muss eine innere Änderung, nämlich eine andere Einstellung, angestrebt werden.

»Gott gebe mir den Mut, die Dinge zu ändern, die ich ändern kann, die Kraft, die Dinge anzunehmen, die ich nicht ändern kann, und die Weisheit, das eine vom anderen unterscheiden zu können.«
Reinhold Niebuhr

Fazit: Entweder beseitigen wir die Umstände, die nicht mit unserer Vorstellung

übereinstimmen, oder wir ändern
die Vorstellung, die nicht mit den
Umständen übereinstimmt.

Wenn uns ein Auftraggeber zu viel zusätzliche Arbeit gibt, ärgern wir uns. Doch wir sollten dabei bedenken, dass wir unsere Zeit verkaufen – wir erhalten ja eine Gegenleistung, nämlich Geld dafür. Wird mehr Leistung erforderlich, muss auch die Gegenleistung entsprechend angepasst werden. Doch dann ärgern wir uns, dass wir auch noch nachts arbeiten müssen. Wir haben jedoch die Möglichkeit, den Auftrag abzulehnen, denn ein Auftrag ist zuerst nur ein Angebot. Wir entscheiden, ob wir es ablehnen, es modifizieren oder es annehmen. Oft besteht zwar die Gefahr, dass bei der Ablehnung eines Auftrags der Kunde ganz verloren geht. Doch dieses Risiko müssen Sie eingehen, wenn Sie nicht so viel arbeiten wollen. Tröstlich dabei ist, dass wir durch das Loslassen Platz für etwas Neues schaffen. Nur wenn wir in unserem Bewusstsein an "Mangel" denken, kann sich Mangel erfüllen. Leben wir in der Fülle, muss uns das Leben Fülle liefern.

Jedes Problem hat einen Sinn und will Ihnen helfen, neue Erkenntnisse zu gewinnen. Wenn Sie sich die Probleme fortwünschen könnten, so würden Sie sich eines Ihrer wichtigsten Förderungsmittel berauben. Sehen Sie deshalb die Probleme als Aufgabe, die das Leben Ihnen stellt - und an deren Lösung Sie wachsen.

Die Einstellung

Wir arbeiten nicht mit theoretischen Thesen, sondern mit praktischen Aufgaben, die jeder nachvollziehen kann. Stellen Sie sich also einmal Folgendes vor:

Sie kommen von einer Geburtstagsparty, sind guter Stimmung, weil es ein netter Abend war, und fahren zügig zu späterer Stunde durch die ruhigen Vororte. Plötzlich kommt aus einer Nebenstraße ein Wagen angeschossen – ohne Licht – und überquert haarscharf vor Ihnen die Hauptstraße. Instinktiv treten Sie auf die Bremse, dass es nur so quietscht. Sie kommen ins Schleudern und schlittern dicht hinter dem anderen Wagen vorbei. Dieser entschwindet in der Dunkelheit, der Fahrer hat offenbar noch nicht einmal die Gefahr gesehen oder erkannt. Es ging gerade noch einmal gut. Was passiert nun normalerweise? Sie sind außer sich, das Adrenalin schießt ins Blut, und sie ärgern sich, schimpfen und könnten vor Wut platzen. Was ändert sich dadurch? **Nichts!**

Der andere Fahrer hat Sie, Ihren Wagen und Ihre Reaktion gar nicht registriert. Er rast weiter – vielleicht hatte er Streit mit seiner Freundin oder muss zu einem Notfall ins Krankenhaus. Sie kennen den Grund seiner Unachtsamkeit nicht. Aber Sie haben einen triftigen Grund, sich zu ärgern: Der andere ist eindeutig im Unrecht. Und Sie ärgern sich.

Was könnten Sie anders machen?

Sie könnten sich positiv verhalten. Sie könnten sich gratulieren, dass Sie so schnell reagiert und dadurch einen Unfall verhindert haben. Sie könnten vor Ihrem geistigen Auge sehen, was Sie durch Ihr Verhalten alles vermieden haben: Krankenhaus, Streit mit dem Kontrahenten, Ärger mit der Versicherung und so weiter.

Sie haben allen Grund, sich von Herzen zu freuen!

Beide Reaktionen sind durchaus berechtigt und verständlich. Die positive Einstellung ist jedoch weitaus hilfreicher als der Ärger. Sie fühlen sich besser, ja sogar richtig gut.

Sie sollten jede Situation überdenken, sollten sich fragen, ob Sie alles richtig gemacht haben, und Sie sollten eventuell notwendige Konsequenzen ziehen. Wenn Sie nämlich nicht freiwillig an sich arbeiten, dann wird an Ihnen gearbeitet - und das ist weitaus schmerzhafter. Wenn Sie erforderliche Konsequenzen nicht ziehen, dann zwingt das Schicksal Sie dazu.

Der Erfolg

Der kürzeste Weg zum Erfolg ist, sich Erfahrungen und Erkenntnisse erfolgreicher und weiser Menschen zu eigen zu machen und sie in das eigene Leben – entsprechend den eigenen Wünschen und Bedürfnissen – einzubauen. Das heißt nicht, einfach Erkenntnisse anderer zu übernehmen oder anderen nachzueifern. Das ist schon deshalb unmöglich, weil jeder Mensch ein Individuum, ein Original und somit einzigartig ist. Die Basis für den Erfolg kann deshalb nur sein, sich und seine Fähigkeiten zu erkennen, seine Talente zu entfalten und durch die eigenen Probleme sowie die Probleme anderer zu lernen und sich weiterzuentwickeln. Erfolg ist kein Geschenk, das vom Himmel fällt. "Er-folg" kann nur auf etwas "er-folgen", nämlich auf Arbeit. Erfolg liegt nicht auf der Straße, nicht einmal der glücklichste Zufall verhilft uns zum Erfolg. Der

Zufall fällt immer nur dem zu, der das Gesetz von Ursache und Wirkung kennt und befolgt. Wer den Grundstein für den Erfolg legt, dem fällt der Gewinn zu. Wir können daher nicht mehr von Zufall sprechen. Erfolg "er-folgt", wenn wir richtig denken und handeln, dann fällt er uns zu.

Wenn wir nichts mehr verursachen, kann nichts erfolgen. Es geschieht nichts mehr – auch kein Schicksal mehr. Dann geschieht Schöpfung. Schöpfung ist Ursache und Wirkung. Die Schöpfung hat sich selbst zu Ende gedacht – das Drehbuch "Schöpfung" ist existent. Wir können zwar dieses Drehbuch nach den eigenen Wünschen verändern, müssen diese Änderungen dann aber auch selbst verantworten. Wir können uns aber auch dazu entschließen, die Vollkommenheit der Schöpfung für uns anzunehmen und in dieser Vollkommenheit ohne eigenwillige Veränderungen zu leben.

**Fazit: Schicksal ist immer die Folge
von Eigenwilligkeit.**

Wir sind alle zum Leben verpflichtet. Dadurch zwingt uns das Schicksal zu leben. Leben geschieht durch uns. Entziehen wir uns diesem Leben, so treffen wir eine klare Entscheidung, für die wir zur Rechenschaft gezogen werden. Nehmen wir dieses Leben aber nicht nur an, sondern gehen wir unsere Lebensaufgabe mit Freude und einer positiven Einstellung an, dann werden wir erfüllt sein von Harmonie, werden neue Dimensionen erkennen und uns unseren Fähigkeiten entsprechend entfalten sowie bewusst und glücklich leben können. Dafür ist ständige Arbeit – Arbeit an uns selbst – notwendig. Wir sollten dazu Gottes Segen erbitten, sollten aber nicht erwarten, dass er uns die Arbeit abnimmt. Auch müssen wir damit rechnen, dass wir nicht immer Erfolge verbuchen können. Beim Vorwärtsstürmen können wir leicht auf die Nase fallen, können Misserfolge erleiden, können auch einmal auf der Stelle treten. Doch das ist nicht das Entscheidende! Und hier sind wir wieder bei der Frage der Einstellung. Der Erfolglose scheitert, weil er mit der Begründung aufgibt, er habe es ja versucht. Der Erfolgreiche hingegen erkennt, dass es auf diese Weise nicht geht, und fragt sich, was er aus seinem Misserfolg lernen könnte. Er wird sich einen anderen Weg suchen, wird ihn ausprobieren – vielleicht klappt es beim zweiten

Versuch. Wenn nicht, dann muss es noch eine andere Lösung geben. Der Erfolgreiche wird sie finden.

Nehmen wir Edison als Beispiel: Er war sicher ein Mensch, der eine enorm hohe Zahl von Misserfolgen zu verbuchen hatte. Er machte 1180 Versuche – alle erfolglos. Erst beim 1181. Experiment funktionierte es, und die Glühbirne war erfunden. Er arbeitete mit allen möglichen Materialien, testete sie und musste sie als unbrauchbar aussortieren. Seine Freunde, Kollegen und Bekannten bestürmten ihn, doch endlich aufzugeben. Er ließ sich dadurch nicht beirren, sondern pflegte zu sagen: "So geht es nicht, das ist alles, was ich sehe" – und machte weiter. Und nur so hat er es geschafft.

Uns geht es nicht anders. Auch wir müssen uns entscheiden – als Erstes, was wir als Hindernis betrachten, und dann, ob und wie wir dieses Hindernis nehmen. Oder ob wir in dem Hindernis schon den Endpunkt unseres Weges sehen und aufgeben. Wir werden in diesem Fall "erfolg-los" sein, und das Schicksal wird uns zum Erfolg zwingen. Dieser "Erfolgs-Weg" wird ein Weg des Leidens werden.

Ziehen wir es deshalb lieber vor, freiwillig den Weg der Erkenntnis zu gehen und aus dem Misserfolg ein Sprungbrett zum Erfolg zu machen. Wir werden erwachsen, das heißt, wir wachsen an unseren Erfahrungen, lernen aus unseren Misserfolgen. Für den Erfolgreichen ist der Misserfolg lediglich ein Zwischenergebnis, sozusagen eine Information, wie es nicht funktioniert. Er wird dadurch klüger, weil er weiß, was er nicht mehr ausprobieren muss. Mit jedem Misserfolg werden seine Chancen für den Erfolg größer. Eine solche Einstellung kann nur zum Erfolg werden! Wir selbst werden zum Erfolg. Wenn wir diesen Punkt erreicht haben, brauchen wir keine Bestätigung von außen mehr – wir wissen, dass die innere Einstellung automatisch äußeren Erfolg nach sich zieht.

Fazit: Ich werde selbst zum Erfolg – dadurch verwirklicht sich der Erfolg durch mich.

Unser Bewusstsein ist mit einer Schwäche behaftet: Es kann zur gleichen Zeit nur einen einzigen Gedanken fassen. Doch auch diese Schwäche können wir zu einem Motor für unseren Erfolg machen, wenn wir darauf achten, dass dieser Gedanke der richtige ist.

Fazit: Jeder Mensch ist Schöpfer, Träger und Überwinder seines Schicksals. Schicksal ist die Summe unserer Entscheidungen. Es gibt somit weder unverdientes Glück noch unverdientes Leid, sondern nur Ursache und Wirkung.

Was ist überhaupt Zufall?

Hinter allem, was geschieht, steht die Ursache. Wir sehen oft nur die Wirkung, die "Aus-Wirkung", und sollten deshalb lernen, das Kausalitätsprinzip zu sehen: Ursache und Wirkung. Wenn wir den Zündschlüssel umdrehen, springt der Motor an. Hier sehen wir Ursache und Wirkung in unmittelbarer Nähe. Sobald jedoch Ursache und Wirkung zeitlich auseinanderliegen, haben wir schon Schwierigkeiten, diese Zusammenhänge zu sehen, und neigen dazu, von Zufällen zu sprechen.

Sehr oft erhebt sich bei großen Unglücksfällen, bei denen viele Menschen zu Schaden kommen, die Frage, ob es Zufall ist, dass gerade der stirbt, ein anderer schwer verletzt wird und der dritte, der vor einer Stunde noch am Unfallort war, diesen rechtzeitig verlassen hat. Jeder kann beeinflussen, wo er sich zu welchem Zeitpunkt aufhält. Das Leben führt mich weg von Gefahrenstellen, wenn ich sie nicht verursacht habe. Ich kann in einem Gartenhäuschen wohnen, das explodiert – aber ich bin gerade zum Zeitpunkt der Explosion nicht da. Natürlich haben bei Katastrophen nicht die Opfer das Unglück verursacht. Sie haben lediglich verursacht, dass ihnen das zustößt, was geschieht. Der Unfall ist nur der Auslöser; die Ursache dafür, dass jemand in ein Unglück verwickelt wird, mag in seinem Leben – vielleicht sogar schon in einem seiner früheren Leben – liegen. Wir alle sind behaftet mit einer Vielzahl von nicht ausgeglichenen Ursachen. Das Leben sucht sich die entsprechenden Möglichkeiten, wie Flugzeugabstürze, Überschwemmungen und so weiter, um auszugleichen und löst so die Ursache aus, die in dem Betroffenen selbst liegt.

Das Glück in uns

»Menschen würden glücklicher sein, wenn sie
nicht danach trachteten, es zu sein.«
Leopardi

Wenn es uns gelingt, die richtigen Gedanken
zum Fundament für unser Leben zu machen, dann
suchen wir nicht mehr in Äußerlichkeiten nach
dem Glück. Wir brauchen keinen Besitz, keine Anerkennung und auch keine Zuneigung. Wie viele
Menschen jagen ein Leben lang äußerem Erfolg
nach, weil sie die Sinnlosigkeit ihres Bemühens
nicht erkannt haben? Glück ist ein Zustand in uns
selbst. Solange wir nach dem Glück suchen, werden
wir es nicht finden. Erst wenn wir das Richtige
tun – wenn wir die geistigen Gesetze in unser
Leben integrieren, wenn wir in Harmonie mit uns
und dem Kosmos sind –, dann wird uns Glück

automatisch zufallen. Wir können uns dann selbst verwirklichen.

Kennen Sie einen einzigen reichen Menschen, der glücklich ist? Sie werden keinen finden, weil es keinen gibt – weil es ihn nicht geben kann. Er kann wohl zufrieden sein, im besten Fall ist er sehr zufrieden. Aber das Glück hat er nicht gefunden. Ein junger Mann, Vollwaise, ohne Hab und Gut, wollte unbedingt Millionär werden. Es war sein größter Wunsch, weil er glaubte, dann alles zu haben, was ihm fehlte. Es erschien ihm ungeheuer schön und erstrebenswert, sehr reich zu sein. Eines Tages hatte er es geschafft, er war Millionär. Aber das war auch alles – sonst hatte sich nichts geändert. Er hatte sein Ziel erreicht, aber er war dadurch nicht glücklich geworden.

Fazit: Glück ist ein innerer Zustand;
Zufriedenheit kommt von außen.

Wünsche

Es erfüllt uns mit Befriedigung, ein äußeres Ziel – sei es ein höherer Posten, mehr Lohn oder eine schlankere Figur – zu erreichen. Aber glücklich sind wir deshalb noch lange nicht. Manchmal erfüllt uns sogar eine Leere und Traurigkeit, wenn wir einen Wunsch realisiert haben. Das Schönste war der Wunsch selbst. Jetzt, wo er in Erfüllung gegangen ist, fehlt er uns als Ziel, als etwas, was uns vorher so wichtig war. Diese Erfahrung machte auch unser junger Mann. Als er von Freunden gefragt wurde, ob er als Nächstes die zweite Million wolle, wurde ihm bewusst, dass Millionär zu sein kein Ziel sein konnte. Das Leben hat ihm – über die Erfüllung seines Wunsches – einen Weg gezeigt, darüber nachzudenken, was ein wirkliches Ziel ist. Er hat seine Lektion gelernt, hat die Konsequenzen gezogen. Äußerer Besitz ist ein Werkzeug, das das Leben vereinfachen kann. Doch dieses Werkzeug muss man loslassen, wenn man es nicht mehr benötigt. Wir müssen darauf achten, dass wir den Besitz besitzen – und dass nicht umgekehrt der Besitz uns besitzt. Bei vielen ist das so, aber sie merken es häufig noch nicht einmal.

Es ist schön, ein Haus zu haben. Doch es muss auch gepflegt werden, Reparaturen fallen an, Zinsen müssen bezahlt werden. Kurzum: Ein Palast ist ein Ballast. Solche Dinge sollten wir benutzen, solange wir sie brauchen, aber dann sollten wir sie loslassen.

Das gilt nicht nur für die äußeren Dinge. Wir sollten uns selbst kritisch betrachten und uns fragen, ob wir irgendwo, vielleicht verborgen im tiefsten Winkel unserer Seele, Sklave unserer Wünsche und Begierden sind. Solange Wünsche in uns existieren, zwingen wir unser Selbst, sie zu erfüllen, und begeben uns damit zwangsläufig in eine Abhängigkeit. Es bleibt ja nicht bei einem Wunsch. Kaum ist der eine erfüllt, erwachen zwei neue in uns. Wir können doch nicht "leer" - "wunsch-los" - sein, nur weil wir uns einen Wunsch erfüllt haben. Also setzen wir uns ein neues Ziel und schaffen uns so einen Teufelskreis, dem wir nicht entkommen können. Wir bleiben Sklave, Eigentum unseres Egos. Wunsch ist Eigenwilligkeit. Mit unseren Wünschen befinden wir uns in einer Sackgasse. Doch das möchte kaum einer wissen, solange es ihm noch wichtig ist, Wünsche zu haben.

Es besteht die irrige Meinung, dass ein Leben ohne Wünsche ein trauriges Leben sei. Dabei haben wir sogar den Ausdruck "wunschlos glücklich sein"! Wenn wir erst diesen Bewusstseinsstand erreicht haben, dann werden wir vom Leben reich beschenkt. Durch das Loslassen lässt man das Leben durch sich selbst geschehen. Man fühlt, was das Leben von einem will, und erfüllt diese Aufgaben. Ein erfüllter Augenblick folgt dem anderen. In Einheit mit dem Leben zu sein, eröffnet uns neue Perspektiven. Wir können erkennen, dass ein Problem nicht einfach nur gelöst wurde, sondern dass es uns gelungen ist, eine Situation in die Harmonie zurückzuführen.

Der Begriff "Selbstverwirklichung" hat viel Schaden angerichtet, weil er so ausgelegt wird, dass jeder gerade das tun kann, wozu er Lust hat - ohne dabei zu erkennen, dass gerade dieses "sich Treibenlassen" zu einer großen Abhängigkeit führt. Auch dies ist ein falsches Leitbild für unseren Weg zu innerem Frieden.

Das Bewusstsein

Unsere Erde ist nur ein winziges Staubkörnchen im Universum, das sich dreht und sich dabei um die Sonne bewegt, die wieder nur eine von Milliarden Sonnen ist am Rand der Milchstraße, die auch nur wieder eine von vielen ist ... Und doch haben wir etwas ganz Wichtiges, etwas, das uns von allen anderen Lebewesen und Materien unterscheidet: unser Bewusstsein. Dieses Bewusstsein - Teil des einen Bewusstseins, das sich vor etwa 80.000 Jahren seiner selbst bewusst wurde - erwachte etwa gegen Ende des Neandertalerzeitalters. Der Mensch dachte über sich nach.

Wir können uns das ganze Bewusstsein einmal bildhaft als Landschaft vorstellen. Das Ich-Bewusstsein ist ein kleiner Teil dieser Landschaft, den wir eingezäunt und in Besitz genommen haben. Das ist dann "unser (persönliches) Bewusstsein". Am

Anfang mag dieser Besitz noch klein sein, doch mit der Zeit erweitern wir dieses eingezäunte Stück Bewusstsein, vergrößern es. Aber wie weit wir uns auch ausdehnen, solange ein Zaun da ist, gibt es immer einen Teil außerhalb, mit dem wir uns nicht identifizieren können, der nicht zu unserem **Ich** gehört. Die anfängliche Enge unseres Bewusstseins entstand durch eine zu starke Abgrenzung. Je kleiner das eigene Bewusstsein ist, desto größer wird das äußere Bewusstsein empfunden, das Angst verursacht. Angst entsteht aus der Enge – doch mit einer Erweiterung des Bewusstseins verschwindet diese Angst.

In den letzten Jahren wurde das Bewusstsein fast zu einem Modeartikel. In jeder Zeitschrift, egal welcher Richtung, in Talkshows und in vielen Filmen wurde es als ein sogenanntes "In-Thema" behandelt. Dies hat jedoch kaum dazu beigetragen, die Funktionen des Bewusstseins besser zu erklären. Das Bewusstsein wurde dann noch unterteilt in Oberbewusstsein, Überbewusstsein und Unterbewusstsein. Sie stellen sich jetzt möglicherweise vor, dass es unzählige Bewusstseins oder Bewusstseine gibt, wenn jeder Mensch außer seinem eigenen Bewusstsein noch Bewusstseinsunterteilungen hat. Wie heißt denn eigentlich der Plural für Bewusstsein?

Unsere Sprache kennt keine Mehrzahl für Bewusstsein, weil es keine gibt. Es gibt überhaupt nur **ein** Bewusstsein, und das ist das kosmische Bewusstsein, das Allbewusstsein. Wenn ich also einen Teil dieses Bewusstseins als **Ich** bezeichne, mit dem ich mich identifiziere, dann muss es logischerweise auch einen Teil geben, den ich als **Nichtich** ansehe. Somit gibt es auch keine Einheit. Es ist deshalb unser Evolutionsauftrag, unser Bewusstsein zu erweitern. Dies können wir, indem wir den Zaun, den wir um unser Ich-Bewusstsein errichtet haben, auflösen. Dieser Zaun ist die Trennlinie. Wir – unser Ich, unser Ego – stehen uns selbst im Weg. Gerade dieses Ego hindert uns auch daran, wahre Liebe zu erfahren. Liebe ist immer ein Teil Unendlichkeit. Wahre Liebe ist immer Ich-Hingabe – und nicht Ich-Behauptung. Erst wenn ich mein **Ich** aufgebe, finde ich mein wahres Selbst und bin dann fähig, wirklich zu lieben. Wer seine eigenen Grenzen aufgehoben hat, wer sich nicht mehr nur mit einem Teil des Ganzen, sondern mit dem allumfassenden Ganzen identifiziert, der lebt im kosmischen Bewusstsein, in Einheit mit dem Universum. Er ist erleuchtet. Er hat sein **Ich** geopfert und dadurch sein wahres Selbst, das heißt Gott in sich, gefunden.

Intuitiv hat der Mensch schon immer etwas geahnt von seiner Ganzheit, von seinem wahren Wesen, seinem Selbst. Tief in ihm steckt noch die Erinnerung an das Paradies, an den idealen Zustand der Einheit. Dieses Gefühl ist mit Schmerzen verbunden, weil er dieses Einssein mit seinem wahren Wesen noch nicht erreicht hat. In ihm wohnt die Angst, sterben zu können, ohne diese Erfüllung je erfahren zu haben. Wir können diesen Weg der Erfüllung gehen, müssen aber vorher den Ballast abwerfen, der uns bei der Erreichung unseres Ziels behindert. Unser ständiger Wegbegleiter ist die Achtsamkeit, die Buddha als das Wichtigste – als Tor zur größten Weisheit – ansah. Diese Achtsamkeit führt uns zu unserem wirklichen "Da-Sein", zu einem bewussten Sein. Es gibt für diesen Weg zur Erfüllung keine Wegweiser, keine genauen Angaben, keine Bücher – im besten Fall kann uns jemand bei der Hand nehmen und uns zum Tor des inneren Tempels führen. Den Schritt über die Schwelle muss jeder selbst tun.

Die geistigen Gesetze sind für alle da, die offen dafür sind, die erkennen möchten, was das Leben "**durch** sie will". Bereits in dem Satz "was das Leben **von** einem will" liegt eine Last, eine Belastung. Wenn Sie so denken, dann scheint das Leben zu viel oder auch das Falsche von Ihnen zu verlangen. Sie ärgern sich, kommen nicht gut mit den Anforderungen zurecht - so marschieren Sie eiligen Schrittes in die selbst gewählte Sackgasse. Sind Sie aber offen und neugierig, fragen Sie sich, was das Leben jetzt durch Sie erfüllen möchte, und dann werden Sie wunderbare Überraschungen erfahren. Sie brauchen nicht einmal an etwas zu denken. Das Leben denkt an alles - die einzige Voraussetzung, die Sie schaffen müssen, ist: **offen sein** und **da sein**. Vielleicht fragen Sie sich, was das Leben durch Sie verwirklichen will. Finden Sie es heraus: Setzen Sie sich entspannt hin, schaffen Sie eine angenehme, ruhige Atmosphäre, schließen Sie die Augen und atmen Sie ruhig und langsam. Lassen Sie alles los, lassen Sie geschehen, werden Sie durchlässig. Gehen Sie in sich, tiefer und tiefer.

In diesem wohligen Zustand der Entspannung fragen Sie: "Was will das Leben in diesem Augenblick durch mich? Wie kann dieser Moment optimal ausgefüllt werden?"

Das Leben gibt Ihnen die Idee, zum Beispiel Ihre eigene Erfahrung an andere weiterzugeben. Dann füllen Sie diese Idee mit Leben und Taten aus. Was Gott für Sie tun will, das kann er nur **durch** Sie ausführen. Sie sind ein Werkzeug Gottes, ein Werkzeug des Lebens und lassen durch sich geschehen. Damit dies auch wirklich geschehen kann, müssen Sie für die entsprechenden Voraussetzungen sorgen, um beispielsweise Ihre Erfahrung weiterzugeben. Sie überlegen also, wem Sie welche Erfahrungen vermitteln und wie Sie eine solche Aufgabe angehen können. Bei diesen Überlegungen wird Ihnen das Leben die richtigen Gedanken eingeben – Sie brauchen diese Ideen dann nur noch zu verwirklichen. Wer das Leben richtig fragt, erhält die richtigen Antworten und Ideen. Leben ist Bewusstsein. Nicht das kleine, begrenzte Tagesbewusstsein, der Intellekt, der alles selbst durchdenken will. Nein, es ist das "Bewusst-Sein" – das bedeutet, nichts anderes zu sein, als **bewusst** zu **sein**. Wir werden von unserem Bewusstsein gelenkt. Wenn wir diese Gedanken auf uns wirken lassen, erkennen wir, dass wir geradezu verpflichtet sind, wohlhabend und glücklich zu sein. Wir alle sind hier, um die geistigen Gesetze zu erfahren und zu befolgen, was automatisch Wohlstand und Glück nach sich zieht. Wer jedoch gegen diese Gesetze handelt, sie eigenwillig verändert, fordert das Schicksal heraus, und es nimmt seinen Lauf.

Fazit: Mein Leben von heute ist ein Spiegelbild meiner Gedanken und Taten von gestern.

Daraus folgt: Wer morgen glücklich sein möchte, der muss heute richtig denken und handeln, damit diese Gedanken die gewünschte Zukunft anziehen können. Und was hindert uns nun daran, morgen glücklich zu sein?

Die Angst

Angst nimmt einen großen Raum im Leben des Menschen ein. Das Wort kommt übrigens aus dem Lateinischen: "angustus" = "die Enge". Wenn wir Dinge zu eng und zu begrenzt sehen, wenn wir uns selbst eingrenzen, dann entsteht Angst.

Angst hat viele Gesichter: Wir haben Angst vor Schwierigkeiten, vor Katastrophen, vor einem Unfall, vor dem Verlust des Arbeitsplatzes, vor dem Tod. Angst ist für viele heute zu einem ständigen Begleiter geworden. Am häufigsten wird genannt:

- Angst vor dem Versagen
- Angst vor der Sinnlosigkeit des Lebens, der Arbeit, der Beziehung
- Angst vor Ablehnung
- Angst vor Krieg
- Angst vor Einsamkeit

Die genannten Punkte sind jedoch nur Auslöser der Angst. Die eigentliche Ursache für Angst ist immer die Enge des eigenen Denkens in Verbindung mit unzureichender oder sogar fehlender Religo (= Rückbindung an Gott, an die schöpferische Kraft.) Wer das Gefühl hat, auf dieser Welt allein dazustehen, der hat Angst. Wer jedoch die Rückbindung an eine höhere Macht hat und weiß, dass er Gott oder der Natur wichtig genug war, erschaffen zu werden, der weiß auch, dass diese Instanz ihn für wichtig genug befindet, um ihn zu erhalten.

Wir schaffen Ursachen durch unser Denken. Diese Ursachen können übermächtig werden, wenn die Gedanken zusätzlich mit starken Gefühlen aufgeladen werden. So wird auch Angst zu einer starken Ursache. Wer Ursachen setzt, sollte diese Gedanken mit Freude, Dankbarkeit und Glück erfüllen. Angst funktioniert nach demselben Prinzip, allerdings in negativer Weise. Sie haben eine Befürchtung, und diese Befürchtung erzeugt eine starke, negative Emotion. Die Vorstellung, was passieren könnte, wird mit einem starken Gefühl verbunden. Eine wirksamere Ursache kann man nicht schaffen. Nehmen wir ein einfaches Angstbeispiel für Ursache und Wirkung:

Jeder balanciert ohne große Bedenken und Schwierigkeiten auf einem am Boden liegenden starken Baumstamm. Hängt derselbe Balken aber in 10 Metern Höhe, wird kaum noch jemand darüber gehen. Jeder stellt sich vor, dass er abrutscht und herunterfällt. Mit einer solchen Einstellung würde diese Vorstellung sogar sehr schnell Realität werden – schon allein deshalb, weil wir Angst haben, denn dass wir über den Balken gehen können, haben wir ja erfolgreich ausprobiert. Das Gleiche gilt übrigens auch für die Eifersucht – durch die Angst vor Verlust wird gerade die Situation, vor der wir Angst haben, angezogen.

Wir haben sieben Angsttypen zusammengestellt:

- Der **Drückeberger** weicht der Angst einfach aus.

- Der **Ausreißer** setzt sich zwar der Angstsituation aus, versucht aber, ihr so schnell wie möglich zu entkommen.

- Der **Schwarzseher** denkt immer an drohende Gefahren und konzentriert seine Gedanken auf das Schlimmste, das dann zwangsläufig fast immer eintritt.

- Der Manipulierer manipuliert die Umwelt so, dass der äußere Schein gewahrt bleibt.

- Der Phantast geht zwar in die Angstsituation hinein, doch dann überwältigt ihn seine Phantasie. Er stellt sich vor, was alles passieren könnte, und zwar so lange, bis seine Angst übermächtig wird und er sie nicht mehr kontrollieren kann.

- Der Kopflose setzt sich auch der Angstsituation aus, konzentriert sich aber so sehr auf das Angstgefühl, dass er völlig gehemmt ist und nicht mehr vernünftig reagieren kann.

- Der im Verborgenen Leidende versteckt seine Angst, geht wortlos in alle Angstsituationen, vergeht dabei aber fast vor Angst.

Wovor haben Sie Angst?
Welcher Angsttyp sind Sie?
Füllen Sie das nächste Arbeitsblatt aus.

»Wer an den Spiegel tritt, um sich zu ändern,
der hat sich geändert.«

Seneca

Ich habe Angst vor ...

1.

2.

3.

4.

5.

Je besser Sie sich selbst kennen, je mehr Sie von sich wissen, desto eher lernen Sie, mit schwierigen Situationen umzugehen. Wie Sie Ihre Angst konkret auflösen können, zeigen wir bei den praktischen Übungen.

Wenn wir erkennen, dass uns nichts im Leben wirklich Schaden zufügen kann, werden wir leichter eine sportliche, spielerische Einstellung zum Leben entwickeln können. Wenn wir Abhängigkeiten als unsere eigene freie Entscheidung für ein falsches Bewusstsein erkennen, können wir daraus schließen, dass es uns möglich ist, jede Abhängigkeit aufzulösen. Wir ziehen unser Bewusstsein ab von der Abhängigkeit, die letztlich nur aus dem Glauben daran besteht, und lenken es zu Freiheit und Unabhängigkeit. Sobald wir in der Lage sind, unser Bewusstsein mit positiven Inhalten zu füllen, wird sich unser Leben automatisch in eine andere Richtung bewegen. Unsere Lebensumstände spiegeln unser verändertes Bewusstsein als Realität wider. Wer sein Bewusstsein auf die richtigen Inhalte lenkt, schafft auch positive Veränderungen in Bereichen, an die er gar nicht bewusst gedacht hat. Es geschieht das Richtige, ohne dass wir es uns bewusst vornehmen.

Nehmen Sie das Leben als Spiel – als ein sportliches Spiel! Lassen Sie uns dieses Kapitel schließen mit zehn **Lebensspielregeln**:

1. Der positive Sportler ist bescheiden und fair.

2. Er visualisiert seine Zielsetzungen.

3. Er sucht bei Fehlern nach den richtigen Lösungen.

4. Er ist ein guter Verlierer.

5. Er ist ein ruhiger und gelassener Gewinner.

6. Er spielt partnerschaftlich und fair.

7. Er spielt motiviert und leistungssteigernd.

8. Er genießt das Vergnügen des Risikos.

9. Er lässt seinem Spielpartner im Zweifelsfall den Vorteil.

10. Er schätzt das Spiel höher als das Ergebnis.

Wenn Sie diese Spielregeln befolgen, werden Sie nicht nur mehr Freude am Lebensspiel haben, sondern Sie werden – wie jeder durchtrainierte Sportler – auch (innerlich) fit werden, dynamisch und erfolgreich.

Die geistigen Gesetze

Sie finden hier die einzelnen Gesetze mit Erläuterungen und Erklärungen zur besseren Verständlichkeit. Lesen Sie diese Gesetze immer wieder durch, lassen Sie sie auf sich wirken. Im Laufe der Zeit werden die Worte in Ihr Inneres dringen und sich dort verankern – Sie werden diese Gesetze dann viel leichter in Ihr Leben integrieren können, und die Wirkung wird nicht ausbleiben.

1. Das Gesetz der Harmonie
(Das geistige Grundgesetz)

Dieses Gesetz gleicht die verschiedenartigen Wirkungen aus und sorgt für die Erhaltung der Harmonie, beziehungsweise es stellt sie so schnell wie möglich wieder her. Aus diesem Gesetz lassen sich alle anderen Gesetze ableiten.

Eigenwilligkeit ist Disharmonie, durch die man das Schicksal zwingt, die Harmonie wiederherzustellen. Diesen Ausgleich nennen wir "individuelles Schicksal". Jeder Mensch wird aufgrund seiner eigenen Erfahrungen feststellen, dass es keinen Zufall gibt. Die geistigen Gesetze wirken in jedem Leben.

Beispiel: Kontrollieren Sie einmal drei Wochen lang Ihre Gedanken. Überprüfen Sie, ob jeder Gedanke Ihrem inneren Maßstab entspricht. Unerwünschte, unzulässige, negative Gedanken ändern Sie sofort Ihrem Ideal entsprechend ab.

Damit Ihnen Ihre positive Veränderung auch bewusst wird, arbeiten Sie mit dem folgenden Arbeitsblatt.

Gedankenliste

1. Woche
Auflistung der positiven Gedanken:

Auflistung der negativen Gedanken, die ich in
positive Gedanken umgeändert habe:
erst negativ:

jetzt positiv:

2. und 3. Woche

Sie sehen hier ganz deutlich, wo Ihre negativen "Schwerpunkte" liegen. Mit diesem Wissen können Sie dann in Zukunft schneller und gezielter bereits bei den ersten Anflügen negativer Gedanken reagieren.

Es gibt auch keine unrealisierbaren Gedanken. Jeder Mensch trägt entsprechend seinen Vorstellungen auch alle Voraussetzungen zur Umsetzung in sich. Nur er selbst setzt sich durch seine Gedanken die eigenen Grenzen. Es gibt nichts, was ihn von einer Tat abhalten kann; weder "zu alt", "zu jung" noch "zu arm" und so weiter sind Hindernisse. Viele bedeutende Kunstwerke oder auch große politische Leistungen wurden von Menschen geschaffen beziehungsweise erbracht, die bereits die 70 überschritten hatten (Tizian, Leonardo da Vinci). Wir können an diesen bekannten Beispielen sehen, dass nur die Grenzen in unserem Bewusstsein aufgelöst werden müssen, um neue Möglichkeiten zu entdecken. Wer Grenzen in seinem Bewusstsein behält, begrenzt sich selbst.

Entsprechend dem Harmoniegesetz will ich "ich selbst" werden. Sobald ich versuche, wie ein anderer zu werden, verliere ich mich und schließe meine

Selbstverwirklichung aus. Selbstverständlich kann man sich ein Vorbild nehmen, aber dabei sollte man nicht vergessen, **sich selbst** zu verwirklichen.

2. Das Gesetz des Karmas
(Sankskrit = das Geschaffene)

1. Jeder Mensch ist Schöpfer, Träger und Überwinder seines Schicksals. Jeder Gedanke, jedes Gefühl und jede Tat ist eine Ursache, der eine Wirkung folgt. Jede Wirkung entspricht in Qualität und Quantität der Ursache. Schicksal ist die Summe unserer Entscheidungen. Es gibt daher weder Zufall noch Belohnung oder Strafe, sondern allein Ursache und Wirkung.

2. Durch das Beherrschen unserer Gedanken schaffen wir uns gutes Karma.

3. Jeder Mensch muss so lange inkarnieren, das heißt wiedergeboren beziehungsweise "zu Fleisch" werden, bis er die Wirkung aller von ihm gesetzten Ursachen erlebt und damit das Gesetz von der Erhaltung der moralischen Energie erfüllt hat.

4. **Karma** entsteht nur durch "Eigenwilligkeit". Jeder Mensch kann sich nur dann vom Karma befreien, wenn er nichts mehr von sich aus will ("Dein Wille geschehe"), sondern nur noch als Werkzeug des Schicksals handelt (reines, folgenloses Tun). Viele Menschen haben Schwierigkeiten, mit dem Begriff und der Bedeutung des Karmas zurechtzukommen, deshalb gehen wir hier intensiver auf dieses Gesetz ein:

Der Gedanke ist das Schicksal. Er formt das Leben. Wenn mir mein Leben nicht gefällt, dann muss ich meine Gedanken ändern. Weder Ärger noch Angst vor dem Leben, weder Klagen noch Selbstmitleid helfen mir. Die Kraft, mein Leben zu ändern, ist in mir angelegt und kann wirken, wenn ich ja zum Leben sage und mich nicht selbst durch eigene Gedanken einenge. Leben ist Energie!

Lesen Sie dazu die Geschichte vom Wasser:

Es war einmal ein Fisch, der wollte wissen, wo das Wasser ist. Er fragte alle Fische, die er traf, und nervte sie entsetzlich. Eines Tages traf er einen Fisch, der genauso wissensdurstig war wie er. Gemeinsam beschlossen sie, zu einem alten weisen Fisch zu schwimmen, um ihm ihre Frage zu stellen. Als sie nach tagelangem Schwimmen endlich den alten, bereits bemoosten Fisch fanden, sagten sie zu ihm: "Weiser alter Fisch, wir sind einen weiten Weg gekommen, um dir eine wichtige Frage zu stellen. Kannst du uns sagen, wo das Wasser ist? Wir haben so viel davon gehört, wissen aber nicht, wo es ist." Der weise Fisch antwortete: "Wasser ist ein Element. Du atmest und lebst nur, weil Wasser da ist. Wo immer du auch bist, ist Wasser. Es umgibt dich." Sie bedankten sich bei ihm und schwammen nach Hause. Nach langem nachdenklichem Schweigen sagte einer der beiden Fische: "Das war ja unheimlich beeindruckend, was der weise Fisch sagte. Aber – weißt du jetzt eigentlich, wo das Wasser ist?"

Genauso ergeht es uns mit der Energie. Wir wollen sie immer haben und bemerken nicht, dass wir selbst Energie sind. Leben ist Kraft. Alles, was wir tun müssen, ist uns zu öffnen für die Energie. Wenn wir keine Energie haben, dann zeigt das nur, dass wir selbst ein Hindernis für unseren Energiefluss sind.

Die Natur hat ihre eigenen Gesetze: Die Erhaltung des Gleichgewichts, das ist der harmonische Ausgleich zwischen Tätigkeit und Untätigkeit. Wer nun übermäßig aktiv ist, stört die Harmonie durch seine Eigenwilligkeit, das heißt, er akzeptiert diese Gesetze nicht. Durch Erschöpfung und Müdigkeit zwingt uns das Leben, diesen Fehler zu erkennen, damit wir ihn beheben können. Nach getaner Arbeit sollten wir ruhen. Wenn wir das Leben durch uns geschehen lassen, dann brauchen wir uns über solche Ruhepausen keine Gedanken zu machen – wir lassen geschehen, und unser Leben verwirklicht auch die Ruhe durch uns.

Lassen Sie uns hier ein Wort zu den Lebensumständen sagen: Wir alle sind Geistwesen, ausgestattet mit vollkommenem geistigem Erbgut, von dem der Einzelne unterschiedlich Gebrauch macht. Jeder Mensch beginnt sein Leben bereits mit Schicksal. Er übernimmt von sich seinen "Schicksalsrucksack", den er in seinem vorigen Leben selbst gepackt hat. Die christliche Kirche nennt das Erbsünde. Wir tragen, was wir im letzten Leben nicht gelöst, nicht aufgearbeitet haben, genauso das, was wir verursacht haben. Damit haben wir unsere Startbedingungen für dieses Leben geschaffen, können jedoch durch unsere Taten und Gedanken jetzt dafür sorgen, dass das nächste Leben anders, besser wird. Mit jedem Gedanken ändern wir unser Schicksal für die künftigen Leben und können so dafür sorgen, dass unser Reisegepäck immer leichter wird. Wenn nun ein Mensch mit einer Behinderung geboren wird, so hat er schlechtere Startbedingungen, hat eine Einschränkung erfahren. Wer hat diesen unvollkommenen Körper verursacht? Sein Geist hat diesen Körper gewählt. Schicksal bedeutet, dass jeder Geist sich seine Eltern, seine Umgebung und zwangsläufig auch seinen Körper aussucht. Wir wählen unsere Eltern sehr sorgfältig aus, zwar nicht wie ein neues Möbelstück aus einem Katalog, aber doch nach ganz bestimmten Kriterien. Wir schaffen uns genau die Umstände, die unserem Schicksal entsprechen. Die Seele möchte kein angenehmes Leben und sucht nicht die Bequemlichkeit. Sie strebt Vollkommenheit an. Hat sie etwas Disharmonisches verursacht, muss sie die Folgen daraus erleiden, denn sie hat ja die Ursache für dieses Leid geschaffen. Unsere Lebensumstände fördern uns. Obwohl ein behinderter Mensch in einer Weise in seiner Entfaltung eingeschränkt ist, wird er durch das Schicksal auf eine andere Art gefördert. Vielleicht hat er in irgendeinem früheren Leben Sklaven gehalten. Jetzt nimmt seine Seele diesen Umstand aus seiner Vergangenheit, um einen Ausgleich herbeizuführen, und wählt für ihn einen Körper mit einer Behinderung, um diesem Menschen die Erfahrung zu gewähren, die ein unterdrückter, eingeschränkter Mensch macht.

Es gibt weder Schuld noch Sünde. Das Wort "Sünde" kommt vom althochdeutschen "Sinte" und bedeutet "trennen". Sünde ist demnach die Trennung von der Harmonie. Wir werden nicht **für**, sondern **durch** unsere Sünden bestraft. Die Trennung (= Sünde) ist die Strafe, die wir uns selbst auferlegen. Nicht Gott straft uns, sondern wir bestrafen uns selbst. Unser Gott ist kein Gott der Strafe – er ist ein Gott der Liebe. Gehen wir weg vom Licht, werden wir mit Dunkelheit bestraft. Gott hat dieses Gesetz der Bestrafung geschaffen, um uns zu helfen, unsere Fehler zu erkennen. Durch Leid merken wir, dass wir etwas falsch gemacht haben, und können dann unser Verhalten ändern – können das Richtige tun. Jetzt haben wir die Möglichkeit, einen Schritt zur Vollkommenheit zu tun, indem wir alles Unvollkommene sofort loslassen. Das Fehlerhafte wird gelöscht, und das Gesetz erfüllt sich. Als Wesen, die vollkommen erschaffen wurden, können wir falsche Programme auflösen, um unseren Weg zur Vollkommenheit zu finden. Krankheit und Leid sind nur ein Umweg, eine Hilfe, wenn wir den rechten, direkten Weg zur Vollkommenheit nicht beschreiten. Und dieser Umweg erlaubt es uns zu lernen.

Das Selbst ist vollkommen. Wenn die Intuition über dem Verstand steht, kann uns das Leben sagen, was wir tun sollen – auch wenn der Intellekt das nicht einsehen mag. Wer den Verstand herrschen lässt, wird Fehler machen, weil der Verstand nicht dafür geeignet ist, unser Leben zu leiten. Das Leben verlangt Entscheidungen, die der Intellekt nicht treffen kann, weil er nur unzureichende Informationen besitzt. Das ist auch der Grund, warum heute so viele Menschen Schwierigkeiten haben – sie lassen sich vom Verstand leiten.

"Dein Wille geschehe" – wenn wir danach leben, sind wir frei von Schicksal und haben unser Lernziel erreicht. Die Evolution hat sich damit im ersten

Schritt erfüllt. Dieser Zustand, der hier Vollkommenheit genannt wird, ist aber nur die Mindestanforderung, damit wir eine erste kleine Aufgabe in der Schöpfung übernehmen können. Diese Entwicklungsstufe haben wir erst dann erreicht, wenn wir uns nicht mehr mit uns selbst, das heißt mit unseren eigenen Schwierigkeiten befassen müssen. Dann ist es möglich, den Blick auf die Schöpfung zu richten.

3. Das Gesetz der Resonanz
(lat.: resonare = widerhallen)

Gleiches zieht Gleiches an und wird durch Gleiches verstärkt. Ungleiches stößt einander ab. Das Stärkere bestimmt das Schwächere. Angst zieht also an, was wir befürchten. Unser Verhalten bestimmt unsere Verhältnisse.

4. Das Gesetz der Fülle

Jeder kann von der Fülle nur in dem Maße emp-
fangen, wie er selbst zum Kanal wird, durch den
die Fülle fließt. Zum Kanal werde ich, indem ich
alle - auch unbewusste - Gedanken an Mangel und
Begrenzung auflöse. Denn wer da hat (die Erkenntnis),
dem wird gegeben; wer da aber nicht hat, dem wird
genommen.

5. Das Gesetz der Gnade

Es ist ein Recht des Menschen, das er nie
verlieren wird: Er kann jederzeit aus der Unwissenheit
heraustreten in das Licht der Erkenntnis - und sein
geistiges Erbe der Vollkommenheit antreten.

6. Das Gesetz der Vergebung

Wem du vergibst, was er dir angetan hat, dem ist diese Schuld vergeben. In dem Maße, in dem wir unseren Schuldigern vergeben, in dem Maße wird auch uns vergeben.

7. Das Gesetz der Entsprechung
(Das Analogiegesetz)

Wie oben, so unten. Wie innen, so außen. Wie im Großen, so im Kleinsten. Für alles, was existent ist, gibt es auf jeder Ebene des Seins eine Entsprechung. Wenn wir eine Wirkung haben, so muss es dafür eine Ursache geben, die dieser Wirkung entspricht. Wer Gedanken der Bitterkeit in sich trägt, zwingt dadurch sein Leben, ihm einen Grund für diese Bitterkeit zu geben. Die äußeren Lebensumstände entsprechen immer dem inneren Sein. Das Äußere ist nur durch eine innere Veränderung veränderbar. Wer sein Leben ändern will, muss seine

Gedanken, seine Gefühle und sein Verhalten ändern. Der Gedanke ist der Vater aller Dinge.

"Jeder falsche Gedanke ist ein Auslöser, um die richtigen Gedanken ins Bewusstsein zu nehmen!"

3. Kapitel – Was möchte ich an mir und in meinem Leben verändern?

Die Bestandsaufnahme

Um diese Frage richtig beantworten zu können, müssen wir uns selbst richtig kennenlernen. Denn erst die Selbsterkenntnis macht uns unsere wirklichen Ziele bewusst. Wir müssen herausfinden, was gut ist an unserer jetzigen Situation, was uns nicht gefällt und was wir unbedingt schnell verändern wollen, damit wir uns wohlfühlen, damit wir zu innerem und folglich äußerem Frieden, zu Ruhe und Harmonie finden können.

Bevor wir das Morgen gestalten, wollen wir uns mit der Vergangenheit und der Gegenwart befassen, damit wir die Fragen nach dem Wohin beantworten können. Nehmen Sie sich Zeit und Ruhe für diese

Selbstanalyse – sie ist wichtig für Ihre Ziele, denn sie ist praktisch die Basis für Ihre Zukunft. Und Sie wissen auch, dass kein Haus stabil sein kann, wenn das Fundament nachlässig und nicht exakt erbaut wird.

Vergangenheit

Lassen Sie Ihre Vergangenheit vor Ihrem geistigen Auge Revue passieren, und beantworten Sie dann folgende Fragen:

- Was erfüllt mich mit Freude und Glück?

1.

2.

3.

- Welche Ziele habe ich erreicht?

1.

2.

3.

• Welche Voraussetzungen habe ich dafür erfüllt?

1.

2.

3.

• Was hinterlässt ein unangenehmes Gefühl in mir?

1.

2.

3.

• Was habe ich falsch gemacht?

1.

2.

3.

◆ Welche Zeichen habe ich nicht gesehen?

1.

2.

3.

Damit jede Etappe Ihrer Vergangenheit deutlich wird, färben Sie die Lebenskurve in verschiedenen Farben – je nach Bereich – ein. So sehen Sie genau Ihre Höhen und Tiefen.

ARBEITSBLATT 6

Meine Vergangenheit

◆ Privatleben

◆ Beruf

◆ Hobbys

◆ Interessen

◆ Wünsche

◆ Ideale

◆ Glücksgefühle

◆ Harmonie

Gegenwart

Erstellen Sie Ihren Ist-Status:

a) **Stellen Sie sich vor den Spiegel, und betrachten Sie sich in aller Ruhe. Dann beantworten Sie folgende Fragen:**

   - Ist mir mein Gegenüber sympathisch?
   - Was zeigen seine/ihre Gesichtszüge?
   - Was gefällt mir?
   - Was gefällt mir nicht?
   - Möchte ich mit ihm/ihr befreundet sein?
   - Kann ich ihn/sie lieben?
   - Wenn ja – warum?
   - Wenn nein – warum nicht?
   - Was sollte er/sie an sich ändern?

b) **Privatleben/Familie**

   - Bin ich mit der Situation zufrieden?
   - Warum?
   - Was will ich ändern?
   - Warum?
   - Wie erreiche ich die Veränderung (zeitlich,
     kräftemäßig, finanziell)?

c) Beruf/Ausbildung

- Bin ich zufrieden mit meiner Position, mit meiner Leistung?
- Warum?
- Was will ich ändern?
- Warum?
- Welche Voraussetzungen muss ich dafür schaffen?
- Wie erreiche ich meine Ziele (Aufwand)?

d) Hobbys, Fähigkeiten

- Bin ich zufrieden mit meiner Freizeitgestaltung?
- Warum?
- Was will ich ändern?
- Wie (Zeit, Geld, Aufwand)?

e) Ideale:

- Welche hatte ich, welche habe ich heute?
- Entspricht mein Leben meinen Idealen?
- Wo muss ich noch an mir arbeiten?

f) Wünsche

- Welche habe ich mir noch nicht erfüllt?

- Was hat mich daran gehindert?
- Welche erscheinen mir unbedingt notwendig?
- Auf welche kann ich verzichten?

Ich schreibe spontan meine drei wichtigsten Wünsche auf:

1.

2.

3.

(Überprüfen Sie diese immer wieder einmal ...)

Zukunft

Aus der Betrachtung der Vergangenheit und der Gegenwartssituation ergibt sich die Zielsetzung für die Zukunft:

- **Wie** will ich mich verändern?

... Meine innere Einstellung?

- **Was** will ich verändern an ...

... meinem Privatleben?

... meinem Berufsleben?

... meinen Hobbys?

... meinen Fähigkeiten und Interessen?

... meinen Idealen?

Der Psychologe William Moulton Marston stellte einmal 300 Personen die Frage: "Wofür leben Sie?" Für 90 Prozent der Befragten bestand das Leben nur aus Warten – das Warten auf eine bessere Arbeit, auf ein neues Haus, auf eine Reise, eine Erbschaft oder den idealen Partner. Diese Menschen bleiben dabei förmlich "auf der Strecke", verbringen sie doch den größten Teil ihres Lebens mit Warten, das heißt mit Untätigkeit. "Ich glaube, nur jeder Tausendste versteht es, in der Gegenwart zu leben", schrieb der Schriftsteller Sorm Jameson. "Die meisten Menschen verbringen 59 von 60 Minuten in der Vergangenheit, der sie nachtrauern oder mit der sie hadern, beziehungsweise in der Zukunft, nach der sie sich sehnen oder vor der sie sich fürchten. Nur derjenige lebt wirklich, der jede Minute als nicht wiederkehrendes Wunder begreift."

Fazit: Leben Sie im Hier und Heute!

Nur wer ein Ziel hat, kann auch ankommen. Wer kein Ziel vor Augen hat, wird leicht vom Weg abkommen, weil er hier das eine sieht, was ihm gefällt, und dort ist es wieder etwas anderes. So hastet er sinn- und ziellos umher; der große Erfolg aber bleibt aus, und die Unzufriedenheit wächst. Wenn Sie die vorangegangenen Seiten sorgfältig ausgefüllt haben, dann werden Sie Ihren Zielpunkt klar vor sich sehen – und dieses Ziel sollten Sie niemals aus den Augen verlieren.

Unsere Wünsche

Hier sollten wir vorsichtig sein. Nicht umsonst heißt es "Hüte dich vor deinen Wünschen - sie könnten in Erfüllung gehen!" Es kann sich als größte Strafe erweisen, wenn eintritt, was wir uns wünschen.

Eine Frau wünschte sich heiß und innig einen Mann, außerdem träumte sie immer davon, nicht mehr zu arbeiten. Eines Tages wurde sie auf dem Weg zum Büro von einem Mann überfallen und beraubt. Sie erlitt so starke Verletzungen, dass sie nicht nur Wochen in der Klinik verbringen musste, sondern für den Rest ihres Lebens arbeitsunfähig blieb. Ihre Wünsche haben sich erfüllt: Sie wollte einen Mann treffen und nicht mehr arbeiten!

Die Betonung bei unseren Wünschen sollte deshalb immer auf der richtigen Entsprechung liegen: Wir sollten uns den **richtigen** Partner wünschen, den **richtigen** Beruf und so weiter - und nicht

105

"einen" Partner oder "einen" Beruf. Wir möchten nicht, dass irgendetwas geschieht, sondern dass das Richtige geschieht.

Entsprechend dem Resonanzgesetz kann ich nur anziehen, was mir entspricht. Bin ich selbst unvollkommen, kann ich nur Unvollkommenes anziehen, allerdings wiederum nur in dem Maße, in dem ich selbst unvollkommen bin. Bin ich ein untreuer Partner, werde ich eine untreue Partnerin anziehen; genauso ziehe ich jedoch als idealer Partner die Entsprechung zu mir - also eine ideale Partnerin - an. Trifft ein unvollkommener Partner auf einen vollkommenen, so wird diese Beziehung keinen langen Bestand haben können. Sie wird sich automatisch lösen, weil nur Gleiches sich mit Gleichem auf Dauer verbinden kann.

Wenn wir uns nicht selbst behindern und begrenzen, werden sich unsere Wünsche erfüllen. Der Wunsch ist die Ursache - die Erfüllung der Ausgleich. Jeder erfüllte Wunsch verringert unsere Wunschliste (schlagen Sie hier noch einmal zurück auf Seite 101), bis wir den Zustand der Wunschlosigkeit erreicht haben. Dann ist kein Wunsch mehr vorhanden. Es gibt Menschen, die diesen Zustand erreicht haben. Sie konnten sich bei Gott für die Erfüllung all ihrer Wünsche bedanken. Sie haben es genossen, sich jeden Wunsch zu erfüllen - bis die Zeit reif wurde, sich zu bedanken und alles zurückzugeben, um die Freiheit der Wunschlosigkeit zu erfahren. Diese Menschen sind wirklich frei - sie tun nur noch das, was das Leben von ihnen will. Der einzige Ehrgeiz, den sie besitzen, ist es, in jeder Sekunde des Lebens ihr Bestes zu geben. Diese Menschen sind Werkzeuge des Schicksals und überlassen es dem Schicksal, für alles zu sorgen, wie zum Beispiel den für sie richtigen Partner zu finden. Das Schicksal ist allwissend; es weiß, was jeder Mensch kann, und sorgt dafür, dass er sein Bestes geben kann.

Fazit: Das Leben kann alles, und wenn ich mich frei mache, kann das Leben alles durch mich. Ein neues Lebensgefühl entwickelt sich.

Gesundheit

Keine Krankheit wurde jemals von einem Arzt oder durch ein Medikament geheilt. Heilung kann nur durch die Heilkraft im Menschen selbst geschehen. Doch das Schicksal kann einen Arzt benötigen, um dem Kranken die richtige Erkenntnis zuteilwerden zu lassen, um die eigene Heilkraft zu aktivieren. Gesundheit ist in erster Linie jedoch die Folge unserer "Ge-sinntheit". So wie ich gesinnt bin, so gesund bin ich auch.

Wir unterscheiden zwei Arten von Krankheiten: akute und chronische. Die akute Krankheit drückt eine momentane Disharmonie aus. Mit dem Rechtssystem verglichen entspräche dies in etwa der ersten Mahnung. Bei einer ersten gesundheitlichen Mahnung handelt es sich meistens um einen entzündlichen Prozess. Doch oft beachten wir diese "Warnung" nicht, sondern unterdrücken sie mit Tabletten. Die

Symptome bringen wir dadurch zwar zum Schweigen, doch die Ursache bleibt weiterhin bestehen.

Mit unserem Auto würden wir niemals so leichtfertig umgehen. Wenn die Ölkontrolllampe leuchtet und der Mechaniker einfach die Birne der Kontrollleuchte herausschraubte, anstatt Öl nachzufüllen, wären wir empört. Beim Auto kümmern wir uns also schon um die Beseitigung der Ursachen – bei der Gesundheit reicht uns dagegen oft die Symptombehandlung aus. Die moderne Medizin unterstützt dieses Vorgehen leider durch die immer perfekter werdenden Methoden, mit denen sie die Schmerzen abstellt. Damit wird die Information, die uns unser Körper über einen Defekt gibt, unterdrückt. Die Informationsquelle wird abgeknipst – doch die Ursache bleibt. Wir sind natürlich gewillt, an eine Heilung zu glauben; schließlich spüren wir keine Schmerzen mehr.

Übertragen wir unsere Einstellung zur Gesundheit wieder auf ein Auto. Wir haben also die Birne der Kontrolllampe entfernt, aber das Problem nicht behoben. Ohne Öl entsteht nun zu viel Reibung, der Motor wird heiß und das Thermometer steigt. Wir gehen wieder zu unserem erfahrenen Mechaniker, der uns beim letzten Mal anscheinend so gut helfen konnte. Was tut er? Er klebt die Nadel des Thermometers bei 80 Grad Betriebstemperatur fest. Beruhigt fahren wir weiter, bis wir so ein komisches Geräusch hören – vielleicht fliegen uns auch schon die Kolben um die Ohren. Was haben wir doch für Pech mit unserem Auto: Erst ist die Ölkontrollbirne kaputt, dann das Thermometer und jetzt auch noch der Motor!

So wird es Ihnen in jeder Beziehung ergehen – egal ob Gesundheit, Privatleben oder Beruf: Solange Sie die Ursachen nicht erkennen und nicht an sich arbeiten, kann keine Veränderung eintreten. Die Missachtung akuter Prozesse hat chronische Erkrankungen zur Folge. Wenn ich nun auch noch den chronischen Verlauf negiere, zwingt mich mein Organismus zum nächsten Schritt, beispielsweise durch Krebs.

Solange ich lebe, habe ich die Möglichkeit, die Ursache einer Krankheit zu beseitigen. Es gibt keine unheilbaren Krankheiten, sondern nur unheilbare, das heißt unbelehrbare Menschen, die nicht bereit sind, die Ursachen ihrer Krankheit zu erkennen und sich stattdessen lieber weiterhin falsch verhalten.

Krebs ist bis zum letzten Tag heilbar. Die Schäden, die der Patient bis zu diesem Zeitpunkt durch sein Verhalten verursacht hat, können nicht mehr rückgängig gemacht werden. Sind diese Schäden so groß, dass dem Organismus nicht mehr genügend zum Leben übrig bleibt, dann ist es für dieses Leben zu spät. Der Krebs konnte jedoch trotzdem geheilt werden, das heißt er wurde aus dem Reisegepäck für das nächste Leben genommen. Sonst könnte es sein, dass im nächsten Leben – vielleicht schon als Kind – eine Krebserkrankung entsteht. Die Frage, wieso ein unschuldiges Kind mit einer solchen Krankheit behaftet ist, wird damit beantwortet.

Nicht nur bei Krebs, sondern bei jeder anderen Krankheit ist zu unterscheiden zwischen Ursache, Auslöser und Auswirkung. Umweltgifte, Luftverschmutzung, Konservierungsstoffe in der Nahrung und so weiter sind nie Krebsursachen, sondern immer nur Auslöser. Die Ursache, die hinter jeder Krankheit steht, ist in der Disharmonie im geistig-seelischen Bereich zu suchen. Als Ausdruck dieser Dissonanz wird ein äußerlich verfügbarer Auslöser gesucht, der den Ausbruch der Erkrankung einleitet.

Innere Einheit

Viele Menschen sind bereit, Zeit und Geld zu investieren, um ihren Körper fit zu halten und ihn zu pflegen. Das ist zwar gut und richtig, jedoch im Vergleich zum Bewusstsein relativ unwichtig. Mögen die Muskeln noch so stramm, die Kondition noch so gestärkt sein – früher oder später kommt der Tag, an dem dieser gestählte Körper der Erde übergeben wird. Übrig bleibt das Bewusstsein, oder anders ausgedrückt: die Seele. Alles, was wir für unser Bewusstsein getan haben, überdauert jedes körperliche Leben – es bleibt auch nach dem Ende, dem Tod, vor dem sich so viele fürchten, bestehen. Der Tod im Sinne von Ende bezieht sich nur auf die Materie, auf die körperliche Hülle unseres Geistes. Bewusstsein aber bleibt bestehen – es ist unendlich. Aus diesem Grund sollten wir mindestens genauso viel für unser Bewusstsein tun wie für

Verlag

»Die Silberschnur«

Postfach 41

D-56590 Horhausen

|||||||||||||||||||||||||||||||| SILBERSCHNUR ||||||||||||||||||||||||||||||||

www.silberschnur.de

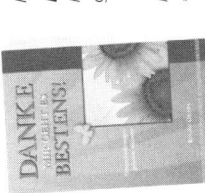

Ryuho Okawa
Danke, mir geht es bestens!
Herausforderungen
gelassen meistern

128 Seiten, 2-farbig, broschiert
ISBN 978-3-89845-329-5
€ (D) 6,95

Begegnen Sie schwierigen Situationen gelassen, oder stellen Probleme unüberwindbare Hürden für Sie dar? Dieses Buch hilft Ihnen, in schwierigen Situationen den Überblick und stets eine positive Grundhaltung zu behalten.
Universelle Formeln im Buch helfen Ihnen dabei, sich einen freien Geist zu bewahren.

Ja, ich möchte gerne weitere Informationen erhalten.

Bitte senden Sie mir Informationen

○ per E-Mail *oder* ○ per Post

○ zum Verlagsprogramm

○ zu den Novitäten

○ zu Seminaren

Ihr Interesse wird belohnt!

Unter allen Einsendern verlosen wir monatlich 10 Exemplare unseres Buchtips des Monats.

Einsendeschluss ist jeweils der 15. des laufenden Monats. Die Gewinner werden schriftlich benachrichtigt, der Rechtsweg ist ausgeschlossen.

Name, Vorname

Telefon   E-Mail

Straße, Hausnummer

Land, PLZ, Ort   Unterschrift

Ich erkläre mich damit einverstanden, dass der Verlag »Die Silberschnur« meine Daten zu Direktmarketingzwecken verwenden darf.

unseren Körper. Und unser Ziel sollte es sein, innere Einheit zu erlangen:

1. Wir sollten unser reales Leben meistern, das heißt, lernen, mit unserer äußeren Welt zurechtzukommen.

2. Wir sollten den Ursprung unseres wahren Wesens finden und uns lösen von allem, was uns davon trennt.

3. Wir sollten an uns arbeiten, um zu wahrer "Selbst-Beherrschung" zu gelangen. Das wahre Selbst in uns sollte die Herrschaft über unser Denken und Handeln erhalten und nur dem Schöpfungswillen folgen.

Die meisten Menschen suchen Anerkennung durch Leistung und Bewunderung – also in der Bestätigung von außen. Oft wird ihnen irgendwann einmal in ihrem Leben schmerzlich bewusst, dass ihnen das wahre Innere fehlt, die echte Liebe. Um diese Enttäuschung zu kompensieren, jagen sie dann noch mehr den Äußerlichkeiten nach, anstatt eine andere Richtung – nämlich die nach innen, zu den tiefen Werten des Lebens – einzuschlagen. Sie lassen sich so die Chance entgehen, an sich zu arbeiten. Diejenigen jedoch, die offen und lernfähig sind, werden aus ihren Erfahrungen die Konsequenzen ziehen. Da die Erfüllung nicht außen zu finden ist, gehen sie den Weg nach innen, zu ihrer Mitte. Das größte Hindernis ist hier das **Loslassen**. Darunter verstehen wir nicht nur die einfache Entspannung, sondern das Ablassen von allem Falschen, Störenden – in Taten und in Gedanken. Das bedeutet auch, sein eigenes **Ich** loszulassen. "Los-lassen" bedeutet auch: Erst aus dem Lassen kann das **Sein** entstehen. Ein Mensch, der das praktiziert, ist immer **da** – er ist im Hier und Jetzt anwesend, und aus dieser Präsenz heraus denkt und handelt er. Er will nicht haben, sondern nur noch sein. Durch sein Leben wird die Wirklichkeit ausgedrückt. Er lebt aus seiner Mitte heraus, er lässt die Eigenwilligkeit los, lebt aus der Vollkommenheit der Schöpfung und erlangt so innere Ruhe, Vertrauen und Geborgenheit. Er ist nicht nur gelassen, nein, er ist **Gelassenheit**.

Wer diesen Weg geht, wird erfahren, dass sich seine Umwelt, das Miteinander mit den Menschen anders gestaltet. Er wird ein Gefühl der Einheit mit seinem Nächsten empfinden; eine neue Menschlichkeit entsteht durch diese geistige Verbundenheit, und Liebe kann wachsen. Wir sind **da**, in der Gegenwart.

Gestern ist vorbei, morgen ist noch nicht hier. Wir leben und erfüllen den Augenblick, das **Jetzt**. **Ich bin** dann ganz im **Hier** und **Jetzt**, erfülle jeden Augenblick mit Bewusstsein. Ein solches Lebensgefühl führt zu Gesundheit. Erinnern wir uns: "Ge-sinntheit" = "Ge-sundheit". Krankheit braucht Angst zur Entstehung und ist Ausdruck von Disharmonie. Gesundheit ist das Gegenteil: Harmonie in sich selbst, Einssein mit dem Ganzen, ein harmonischer Teil des Bewusstseins. Das Ewige, Unsterbliche in uns kann nicht erkranken, denn es ist seiner Natur entsprechend heil.

> Fazit: "Wirken, nicht gewinnen –
> schaffen, nicht besitzen."
>
> Chinesische Weisheit

Wohlstand

Wohlstand bedeutet, dass alles "wohl steht". Das, was wir heute im Allgemeinen unter Wohlstand verstehen, hat mit der ursprünglichen Bedeutung dieses Wortes wenig zu tun. Die meisten Menschen verstehen unter Wohlstand schlicht materielle Fülle. Doch die materiellen Aspekte machen nur einen kleinen Teil des Wohlstands aus - hierzu gehört auch

- Gesundheit
- Freiheit (innere und äußere)
- Intelligenz (das Richtige zu erkennen und zu tun)
- gute Freunde (um nicht allein zu sein)
- ein glückliches Privatleben
- sich über Erfolge freuen können
- genügend Zeit haben[*]

- Zuverlässigkeit
- Pünktlichkeit
- Disziplin
- Erkenntnis der Wirklichkeit
- Weisheit
- die persönliche Lebensaufgabe gefunden haben
- einen angenehmen Beruf ausüben
- schöne Erinnerungen haben
- reiches Innenleben
- Offenheit
- Ehrlichkeit
- anderen gern helfen
- richtig lachen können
- in Harmonie mit sich und seiner Umwelt leben
- Gott vertrauen
- erkennen, dass wir alle individualisierte Teile des einen Bewusstseins sind

Wir sind alle eins. Wenn du einem anderen etwas antust, so tust du es dir an. Wir sind so sehr auf das individualisierte Bewusstsein fixiert, dass wir uns separiert fühlen - nach dem Motto: "Ich bin ich." Solange wir so denken und handeln, kann die Wirkung nicht vollkommen sein.

> Fazit: Wahrer Reichtum ist nicht das,
> was jemand hat, sondern was er ist –
> reich ist, wer der Herr über sein Leben
> und Schicksal geworden ist.
> Wirklich arm ist, wer der Sklave
> seiner Begierden ist.

Nicht nur ein Fahrzeug will "be-herrscht" werden, muss nach bestimmten Regeln "be-dient" werden. Auch die Schicksalsabläufe sowie die psychischen Vorgänge unterliegen Regeln. Wer seiner Umwelt dient und sich harmonisch einfügt, wer bereit ist, Opfer dafür zu erbringen, wird erfahren, dass auch die Umwelt sich bei ihm einfügt und sich von ihm beherrschen lässt.

Verluste, die viele beklagen, sind nichts anderes als Wandlung. Sie machen Platz für etwas Neues, Besseres. Arm dran ist nur, wer der Sklave seiner Wünsche ist. Er hat nämlich keine Wahl - er muss!

Wer sich aber selbst beherrscht, das heißt seinem wahren Ich die Herrschaft überträgt, ist reich. Er kann gelassen bleiben im Auf und Ab des Lebens, denn er hat verinnerlicht, dass Gewinn und Verlust ihm immer – jedes auf seine Art – Gewinn bringen.

Ja zum Leben sagen

Wer in Einheit mit sich und seiner Umwelt lebt, wird ein unerschütterliches Vertrauen in sich selbst entwickeln. Er weiß, dass sich alles zu seinem Besten wendet, wenn er es dem Leben überlässt, durch ihn zu handeln. Er kann dieses Leben annehmen, kann jeden Tag fröhlich beginnen - voller Erwartung, was ihm der neue Tag bescheren wird. Durch das Loslassen, das tiefe Vertrauen in das Leben, entsteht eine natürliche Lebensbejahung.

Die Freude zu leben, die Freude, jede Minute des Tages bewusst anzunehmen und mit Leben zu füllen, gibt diesen Menschen eine charismatische Ausstrahlung, die jeder sofort spürt. Auch Sie können ein solcher Mensch werden, wenn Sie die geistigen Gesetze für sich anwenden, wenn Sie sich selbst kennenlernen - und dann aus vollem Herzen ja zu sich sagen.

Sich nie mehr ärgern

Wir wollen uns nicht mehr ärgern, wollen künftig unser Leben weder von schlechten Angewohnheiten noch von einer falschen beziehungsweise negativen Denkweise beeinflussen lassen. Wir wollen unsere Energien **für uns** nutzen und unsere Kräfte nicht sinnlos vergeuden. Wir wollen lieber lachen als schimpfen, wollen lieber die Verantwortung für uns übernehmen, als sie anderen zuzuschieben; wir wollen lieber auf unsere Mitmenschen zugehen, als sie zu bekämpfen.

Ich will mich nicht mehr ärgern, weil ...

1.

2.

3.

4. Kapitel

»Es ist leicht, geboren zu werden,
aber schwer, ein Mensch zu werden.«

Chinesische Weisheit

Wie erreiche ich
meine Ziele?

Es war sicher nicht immer ganz einfach für Sie, liebe Leserin und lieber Leser, uns bis hierher zu folgen, unsere Gedanken nachzuvollziehen. Und noch viel schwieriger ist es, diese Anregungen in die Praxis umzusetzen. Natürlich benötigt alles seine Zeit, und diese Zeit sollten Sie sich auch zugestehen. Lesen Sie ruhig die einzelnen Kapitel immer wieder; Sie werden bestimmt jedes Mal neue Aspekte erkennen. Durch die ständige Beschäftigung mit dieser Thematik verändern Sie – oft sogar unbewusst – Ihre Einstellung und somit natürlich auch Ihre Ansichten. Und dies kann nur förderlich sein für ein Umdenken und eine Neuorientierung Ihres Lebens. Wir haben nun die gedanklichen Voraussetzungen geschaffen, um unser Leben zu verändern, es erfüllt zu gestalten, intensiver zu leben und uns nicht mehr zu ärgern. So wollen wir jetzt zu den praktischen Übungen übergehen – und zwar zunächst zu einer Basisübung, dem Atmen.

Richtig atmen

Unser Leben liegt zwischen dem ersten Atemzug – bei der Geburt – und dem letzten – beim Tod. Wie wichtig der Atem für uns ist, können wir an der Tatsache erkennen, dass wir zwar sechs Wochen ohne Nahrung leben können, es sogar sechs Tage aushalten, ohne etwas zu trinken, aber ohne zu atmen schaffen wir es nur sechs Minuten! Das Atmen ist uns so selbstverständlich, es geht ja auch ganz von allein und ohne unser Dazutun, dass wir häufig gar nicht bemerken, dass wir nur auf "Sparflamme" atmen. Die meisten von uns haben sich bereits in früher Jugend eine flache Atmung angewöhnt. Betrachten Sie einmal ein Baby – beim Atmen bewegt sich nur der Bauch. Hier haben wir noch die natürliche Bauchatmung, also eine Voll- und oder Langatmung. Irgendwann – meist im Alter von etwa zwölf Jahren – erfolgt eine Umschaltung auf die Brustatmung, das heißt auf eine Kurzatmung. Da nicht genügend Luft in die Lungen und somit auch in die Zellen kommt und der Körper so nicht voll versorgt wird, hat der Kurzatmer immer irgendwelche Beschwerden oder Schmerzen, und natürlich verkürzt sich wegen der schlechten Körperernährung in der Regel die Lebenserwartung.

Unsere Atmung können wir gut mit einem Ofen vergleichen: In den Ofen werden Holz, Kohle und Papier gesteckt, die dann angezündet werden. Das Feuer brennt entweder lichterloh oder es schwelt beziehungsweise erstickt. Die Qualität des Feuers hängt mit dem Luftzug, der Sauerstoffzufuhr zusammen. Je besser der Zug, desto stärker das Feuer – ohne Zug kein Feuer. Selbst bei bestem Brennmaterial ist ohne Zug kein Feuer möglich. Genauso hat die langsame, rhythmische Atmung einen regulierenden Einfluss auf die Herztätigkeit. Das Zwerchfell – durch vertiefte Atmung elastisch geblieben – massiert die Verdauungsorgane, regt zu aktiver Tätigkeit an. Durch die erhöhte Sauerstoffaufnahme wird das Blut gereinigt und entschlackt; die gut funktionierende Lunge beruhigt die Nerven; Blutkreislauf und Stoffwechsel sind angeregt. Der Körper befindet sich in einer aufrechten Haltung – es gibt kein Kreuz mit dem Kreuz. Der tiefe, ruhige Atem ist also die Basis für einen gesunden, leistungsfähigen Körper. Atem ist Leben, ist Lebensenergie! Falsches Atmen allerdings führt zu einem falschen, das heißt ungesunden Leben und macht den Körper krank. Die Atmung spielt bei jeder Erkrankung eine Rolle.

Bevor wir mit einfachen, praktischen Übungen unsere Atmung verbessern, sollten wir eine Voraussetzung für den Erfolg – nicht nur bei dieser Übung, sondern für unser Leben generell – erfüllen: Wir sollten Gelassenheit lernen und praktizieren. Gelassenheit ist nicht mit Lässigkeit oder gar Nachlässigkeit gleichzusetzen. Alle Weisheitslehren streben seit Jahrhunderten nach innerer Stille, Ausgeglichenheit und Seelenfrieden. Auch die moderne Psychologie definiert seelische Gesundheit mit Ausgeglichenheit und Entspannung. Das Geheimnis, um all dies zu erreichen, ist schnell enträtselt: loslassen. Wenn Sie gestresst sind von der Arbeit, sich müde und angeschlagen fühlen, dann können Sie schnell einen Zustand der inneren Harmonie erreichen, wenn Sie loslassen. Loslassen bedeutet hier, die Geschehnisse des Tages aus den Gedanken zu entlassen und den

Dingen den Wert zuzumessen, der ihnen gebührt. Lachen Sie über sich, über Ihren unausstehlichen Kollegen – lachen Sie darüber, dass Sie alles so verkrampft gesehen haben. Lassen Sie sich fallen, vertrauen Sie auf die göttliche Macht – denken Sie an unser Lebens*spiel.*

Durch ein paar Grundübungen wollen wir Ihnen den Einstieg zur richtigen Atmung erleichtern:

Machen Sie die Übungen bei offenem Fenster oder im Freien. Die beste Zeit ist vor dem Frühstück, wobei es am sinnvollsten ist, wenn Sie sich an eine bestimmte Zeit halten. Nach einer Mahlzeit warten Sie mindestens eine Stunde, bevor Sie üben.

Keine Übung sollte als Anstrengung empfunden werden!

Beginnen Sie immer mit dem Wichtigsten – dem Ausatmen, das stets etwas länger dauern sollte als das Einatmen.

1. Atmen Sie ruhig und gleichmäßig, und beobachten Sie Ihren Atem. Legen Sie Ihre Hand flach auf den Bauch. Wenn sich Ihre Bauchdecke senkt beim Ausatmen und hebt beim Einatmen, dann haben Sie schon eine bessere Atemtechnik als der Durchschnitt.

Atmen Sie etwa fünf Minuten bewusst, spüren Sie ganz bewusst Ihren Atem; fühlen Sie die Ruhe, die Sie durchströmt.

2. Jetzt intensivieren Sie diese Übung, indem Sie tief einatmen und tief ausatmen. Wenn Sie bewusst ausatmen, bemerken Sie, dass das Einatmen ganz automatisch, also ohne große Konzentration erfolgt. Lassen Sie den Atem locker fließen – bleiben Sie im Rhythmus.

3. Nun füllen Sie Ihren Atem mit Gedanken. Stellen Sie sich bildlich vor, wie die Luft, die Sie einatmen, von der Luftröhre in die Lunge gelangt. Sehen Sie vor Ihrem geistigen Auge, wie die sauerstoffreiche, gesunde Luft über das Blut Ihren Körper durchströmt. Sie spüren, wie diese Energie bis in Ihre Finger- und Fußspitzen dringt. Genießen Sie dieses angenehme Gefühl, das Ihren Körper mit Gesundheit "volltankt".

4. Nun gehen Sie noch einen Schritt weiter: Sie füllen Ihren Atem mit Bewusstsein. Erst wenn Sie bewusst atmen, sind Sie an den kosmischen Kräftestrom angeschlossen und

können so gezielt Energie aufnehmen. Durch eine solche geistbetonte Atmung wird Ihr Denken und Wollen gestärkt. Sie atmen entspannt, rhythmisch und bewusst. Durch bewusste Vollatmung können Sie in einen Zustand meditativer Selbstbesinnung gelangen.

5. Jetzt lenken Sie den geistigen Gehalt des Atems auf Ihr Inneres. Sie atmen bewusst mit jedem Zug Harmonie, Ruhe und Kraft ein. Wer dies nicht tut, der nimmt einfach nur Luft in sich auf und nutzt nicht die wunderbaren Möglichkeiten, die der Atem uns bietet.

Wenn Sie diese Übungen jeden Tag machen, werden Sie bald feststellen, dass Sie sich wohler und freier fühlen und dass Ihre Leistungsfähigkeit sich verbessert.

Vermeiden Sie folgende Situationen:

1. Überanstrengen Sie Ihr Herz nicht: Atmen Sie nicht unter Druck aus. (Sie müssen keinen Ballon aufblasen!)

2. Atmen Sie nicht zu tief und zu schnell, damit keine "Überatmung" entsteht.

3. Üben Sie nicht bei großer Hitze, strecken Sie den Bauch nicht heraus und belasten Sie die Bauchwand nicht.

4. Falls sich Übelkeit, Schwindelgefühle oder Kopfschmerzen einstellen, hören Sie auf. Das ist kein Grund zu Besorgnis; Sie haben lediglich etwas übertrieben. Kommen Sie zur Ruhe, lassen Sie los und machen Sie dann vorsichtig weiter.

Wenn Sie wissen möchten, wie stark der Einfluss der Atmung ist, dann schließen Sie den Mund und halten sich die Nase mit zwei Fingern zu. Es wird nicht lange dauern, und Sie werden von Panik erfasst, so dass Sie schnell wieder beginnen zu atmen. Wenn Sie nun nur oberflächlich atmen, dann enthalten Sie Ihrem Körper immer noch eine dringend benötigte Menge Sauerstoff vor - Sie leben gewissermaßen am Rand des Erstickens. Oftmals sind Depressionen und Ängste nur die Folgen falscher Atmung.

Bewusstseinsübung

Unser Bewusstsein bestimmt unser Leben, und wir haben drei Grundrichtungen, die wir einschlagen können:

1. Der negative Weg

Wir sehen nur Schlechtes, Ungerechtigkeiten, Neid, Hass und Egoismus, bemerken Gedankenlosigkeit und Materialismus. Sicherlich werden wir alle einmal mit diesen Dingen konfrontiert, doch nach den geistigen Gesetzen zieht Gleiches Gleiches an. Es ist deshalb kein Wunder, dass so viel Negatives auf unserer Welt geschieht, denn jedes Mal, wenn ein Mensch sich auf etwas Negatives, Unliebsames, Verachtenswertes und so weiter konzentriert, strömt genau diesen Dingen Energie zu ... und sie werden stärker - mehr noch: Sie werden in das Leben des Menschen gezogen.

2. Der positive Weg

Umgekehrt können wir unser Bewusstsein natürlich auch auf die vielen positiven Dinge in dieser Welt richten. Wir sehen Hilfsbereitschaft, Freundschaft, Verständnis und die positiven Aspekte des Materiellen. Wir erkennen die Freiheit, eigene Entscheidungen treffen und durchführen zu können - die Freiheit, den Weg zu gehen, der im Buch der Schöpfung aufgezeigt wird; wir können zwischen Schein und Sein unterscheiden. Wenn wir uns auf diese Dinge konzentrieren, nimmt unser Bewusstsein die positiven Schwingungen davon auf, die sich dann in unserem Leben als Glück, Gesundheit, Harmonie - kurz als Angenehmes - manifestieren.

Unser Verhalten gestaltet unsere Verhältnisse. **Was wir heute denken, werden wir morgen erleben!**

3. Der geistige Weg

Hier richten wir unser Bewusstsein auf das höchste Prinzip, auf die schöpferische Urkraft, auf Gott. Wir sind dann weder gebunden an eine bestimmte Zeit oder Form noch an Raum oder Ort. Unsere Aufmerksamkeit ist bestimmt davon, in diesem Augenblick zu leben und das zu erfüllen, was der Augenblick fordert. Wir sind in Harmonie mit dem Strom des Lebens und haben unseren Platz in der göttlichen Ordnung gefunden.

Um den Weg der inneren Erfüllung gehen zu können, müssen wir durchlässig werden; das bedeutet, uns bewusst zu werden, loszulassen und dann alles bewusst zu tun. Durch die Hektik unserer Zeit, die wir ja wiederum selbst verursachen, lassen wir uns dazu verleiten, mehr und mehr Aufgaben zu übernehmen, sei es privat oder beruflich, sei es als Arbeit oder zum Vergnügen. Wir haben das Gefühl, etwas zu verpassen, tun zu viel auf einmal und übernehmen uns in jeder Beziehung. Wir können uns dann letztendlich keiner Sache mehr ganz widmen, weil unsere Gedanken schon wieder einen Schritt weiter sind – wir bleiben also immer zurück, hinken mit den Taten unseren Gedanken hinterher. Unruhe und innere Zerrissenheit bestimmen mehr und mehr unser Leben. Doch den wenigsten ist das überhaupt bewusst. Sie klagen lieber, als sich einzugestehen, dass sie selbst – nämlich ihr Egoismus – schuld an ihrer Unruhe sind. Sie können nicht lassen, nicht los-lassen.

Wir streben Einheit an, wollen unserem Leben einen Sinn geben und uns ein "Da-Sein" im Hier und Heute erarbeiten, so dass kein Platz mehr für die Zerrissenheit bleibt. Wir entscheiden uns für das Einssein. Das heißt: Wir tun alles, was immer es auch sein mag, ganz und ausschließlich. Wenn wir lesen, dann lesen wir und sehen nicht noch gleichzeitig fern; wenn wir Auto fahren, dann konzentrieren wir uns auf das Fahren und lösen nicht irgendwelche Probleme.

Tun Sie, was Sie tun:

Seien Sie dort, wo Ihr Körper ist – nämlich in der Gegenwart. Leben Sie ganz bewusst in der Gegenwart:

Wenn Sie essen, essen Sie bewusst.

Wenn Sie lesen, lesen Sie bewusst.

Wenn Sie arbeiten, arbeiten Sie bewusst.

Wenn Sie ruhen, ruhen Sie bewusst.

Nicht das Was ist wichtig, sondern das Wie entscheidet über unsere Lebensqualität. Das bewusste Tun ist nicht zeitaufwendiger, es ist eher zeitsparend. Wenn ich etwas bewusst tue, dann ist es auch getan, und ich kann es loslassen.

Seien Sie auch im physischen Bereich bewusst:

Geben Sie einmal bewusst jemandem die Hand. Spüren Sie, was er Ihnen sagt, ohne es auszusprechen?

Legen Sie Ihr Bewusstsein in Ihre Hände, und leben Sie mit Ihren Händen, "er-leben" Sie, was sie tun. Sie nehmen den Bleistift, halten den Telefonhörer oder greifen nach einem Glas. Jede Tätigkeit kann so zu einem bewussten Erlebnis werden:

- Ich mache mir zunächst meine Hände bewusst. Ich spüre, wo sie sind, was sie tun und wie sie es tun.
- Ich halte ein geistiges Zwiegespräch mit meinen Händen. Ich bitte um Mitarbeit oder um Hilfe bei einer schwierigen Arbeit.

Ich erhalte ihre Antwort; ich spreche häufig mit ihnen.

- Ich lasse meine Tätigkeit von meinen Händen ausführen. Ich bin nur der Beobachter. Meine Tätigkeit geschieht durch mich.

Leben Sie!

- A lles, was Sie tun, machen Sie voll und ganz.
- K onzentrieren Sie sich auf jede Tätigkeit, jeden Gedanken.
- T un Sie eines nicht: Bemühen Sie sich nicht!
- I ntensiv bedeutet nicht unbedingt immer bewusst!
- V erlassen Sie sich auf die göttliche Führung.

Aktiv ist nicht gleichzusetzen mit einem Zuviel an Willenskraft. Achten Sie einmal darauf, wie viel Willens- oder Muskelkraft Sie für jede Tätigkeit einsetzen, zum Beispiel beim Drücken einer Türklinke, beim Zeitunglesen oder beim Annähen eines Knopfes. Es wird Sie in Erstaunen versetzen – Sie wenden mindestens zehnmal so viel Energie auf, wie notwendig ist.

Nicht nur, um einen Ausgleich zwischen Aktivität und Passivität herzustellen, sondern auch, um Ihnen ein ganz neues und ungewohntes Lebensgefühl zu vermitteln, machen wir jetzt eine

Passivitätsübung:

Sie werden merken, dass Passivsein im Endeffekt mehr ist – und auch etwas anderes ist, als nur nicht aktiv zu sein. In dem Augenblick, in dem Sie aufhören, aktiv etwas zu tun oder zu wollen, erlauben Sie, dass Dinge geschehen, dass das Leben durch Sie geschehen kann – Sie werden durchlässig, Sie lassen das Leben durch sich hindurch.

Machen Sie alles wie immer, doch seien Sie dabei völlig passiv. Sie werden denken, dass dies nicht möglich ist, zum Beispiel passiv Fußball spielen. Doch fragen Sie Sportlehrer, Schauspieler, Künstler, so werden Sie hören, dass nur die Passivität außerordentliche Leistungen ermöglicht. Je mehr Sie nämlich Ihren Willen einbringen und sich anstrengen, desto mehr blockieren Sie Ihre Energie. Lassen Sie los, werden Sie durchlässig – seien Sie passiv. Sehen Sie sich nicht als Fußballspieler, sondern lassen Sie zu, dass Sie Fußball spielen. Sie schalten innerlich um: von Willensanstrengung auf Willenlosigkeit. Wischen Sie nicht Staub, sondern lassen Sie durch sich staubwischen – lassen Sie durch sich die Briefe diktieren oder den Kuchen backen.

Zur Bewusstwerdung gehört auch die Körpersprache, die von den feinen Antennen des Bewusstseins aufgenommen, registriert und verarbeitet wird. Beobachten Sie, wie Ihr Körper reagiert, achten Sie auf Ihre Haltung, auf Ihren Blick – auf die Reaktionen Ihrer Mitmenschen. Was drücken Sie – oft unbewusst – durch Ihren Körper aus?

1. Haltung

Jeder wird so behandelt, wie er sich benimmt. Wer die gebeugte Haltung eines Bittstellers einnimmt, wird als Bittsteller angesehen. Wer aufrecht wie ein Sieger geht, dem wird Platz gemacht, und er wird mit Respekt behandelt. Wer auf der vordersten Kante des Stuhls umherrutscht, zeigt deutlich seine Unsicherheit.

2. Blick

Ein offener, gerader Blick schafft eine vertrauensvolle Atmosphäre. Ein unsteter Blick zeigt Unruhe, Unaufrichtigkeit. Die Augen werden oft als Spiegel der Seele bezeichnet – strahlende Augen sind Ausdruck eines frohen Herzens.

3. Gesten

Jede Geste ist eine Offenbarung des Charakters und zeigt die innere Einstellung zu seinem Gegenüber. Verkreuzte Arme zeigen innere Ablehnung oder Abwehr, offene Hände machen Gesprächsbereitschaft deutlich.

4. Gang

Im Gang sehen wir die Energie, die Dynamik oder auch die Unsicherheit und Lustlosigkeit.

5. Händedruck

Ein warmer, fester Händedruck vermittelt Ihrem Gegenüber ein Gefühl von Sicherheit und Herzlichkeit.

Meine Körpersprache vermittelt folgende positive Signale:

1.

2.

3.

Diese (negativen) Angewohnheiten will ich ändern (zum Beispiel automatisch die Beine übereinanderschlagen):

1.

2.

3.

Fazit: Leben wir bewusst im Hier und Heute – durch Loslassen.

Mehr lachen

Lachen ist eines der besten und preiswertesten Heilmittel überhaupt. Nicht nur dass es der Gesundheit guttut – lachen rettet auch die kritischsten Situationen, überwindet Barrieren und setzt sich über Verständigungsschwierigkeiten hinweg. Lachen verbindet, lachen macht froh und löst positive Impulse aus. Wie oft lachen Sie eigentlich am Tag? Und wie lachen Sie dann? Etwa gequält oder vielleicht etwas zu laut, um Unsicherheit zu kaschieren? Oder lachen Sie von Herzen?

Lachen ist nicht nur während der "tollen Tage" angesagt – es ist ein empfehlenswertes Motto für das ganze Jahr! Lachen "lüftet" die Seele aus, erhöht die Sauerstoffzufuhr im Körper und aktiviert eine Menge Muskeln. Wir meinen übrigens nicht das höfliche Lächeln, das meist etwas verkrampft wirkt und das sich viele Menschen heute als eine Art

Schutzschild zugelegt haben. Wir sprechen vom La-chen – vom Ausdruck der Lebensfreude. Wie erfri-schend ist es doch, wenn wir im Kreis von Freunden interessante Gespräche führen, uns wohlfühlen und lachen können über Situationen, die wir erlebt haben. Wie ansteckend ist solch ein fröhliches Lachen. Manche Menschen lachen so mitreißend, dass selbst Außenstehende, die den Grund des Lachens gar nicht kennen, nicht umhin können mitzulachen.

Lachen ist eine Organ-Massage, die das Zwerchfell massiert, das sich beim Lachen zusammenzieht und wieder dehnt. Dadurch werden auch Herz und Lunge stimuliert, Leber und Bauchspeicheldrüse, Magen und Teile des Darms angeregt. Beim Lachen wird der Lunge doppelt so viel Sauerstoff zugeführt wie bei der normalen Atmung. Dieses Aufatmen der Seele hebt die Stimmung und löst den Frust – Sie lachen sich frei.

Was den Einzelnen zum Lachen bringt, ist so unterschiedlich wie die Lacher selbst. Ein Patentrezept gibt es nicht; jeder findet einen anderen Grund zum Lachen. Doch schon die Bereitschaft zum Lachen – ruhig auch einmal über sich selbst – führt Sie über kurz oder lang zum Erfolg. Lachen Sie wenigstens einmal täglich! Und damit Ihnen der Anfang nicht schwerfällt: Lächeln Sie sich jeden Morgen an – wenn Sie den Tag so freundlich mit sich selbst beginnen, dann ist es zum Lachen nicht mehr weit.

Fazit: "Der verlorenste aller Tage ist der, an dem man nicht gelacht hat."

Chamfort

Nein sagen

Treffen Sie immer ganz bewusst eine Entscheidung, wenn Sie eine Zu- oder Absage aussprechen. Lassen Sie sich nicht einfach treiben, sondern leben Sie bewusst. Das bedeutet: Was immer Sie auch tun – tun Sie es voll und ganz! Wenn Sie sich Aufgaben aufschwatzen lassen, die Sie eigentlich nicht übernehmen wollten, dann haben Sie Schwierigkeiten bei der Durchführung. Denn Sie stehen nicht hinter Ihrer Handlung – leben also nicht bewusst. Der Ärger über sich selbst nagt an Ihnen, und Ihre Gedanken kreisen um die Frage, warum Sie sich in diese Situation gebracht haben. Für die Tätigkeit, die Sie ausüben, bleibt dabei kein Gedanke, keine Energie mehr übrig.

Sagen Sie daher **ja**, wenn Sie es so meinen, und sagen Sie **nein**, wenn Sie etwas nicht möchten. Vielleicht haben Sie Angst vor einer Auseinandersetzung,

145

oder Sie glauben, dass Sie durch eine Absage einen Freund verlieren könnten. Doch einen Freund verlieren Sie nicht, nur weil Sie zu sich stehen, und ein Streit ist die eigene Entwicklung allemal wert. Sagen Sie ja zu sich, und das Nein auf bestimmte Fragen fällt viel leichter! Haben Sie den Mut, und lernen Sie, nein zu sagen gegenüber einer Autorität, gegenüber einer unerwünschten Rolle - sagen Sie auch nein zu bestimmten eigenen Wünschen.

Fazit: In unerwünschten Situationen nein zu sagen bedeutet, JA zur eigenen Persönlichkeit zu sagen. Das Nein auf der einen Ebene wird so zum JA auf der anderen.

Sie kennen sicher auch die immer wiederkehrenden Situationen, in denen Sie ja sagen, anstatt abzulehnen. Wenn zum Beispiel das nächste Mal Ihre Freundin beispielsweise wieder einmal lässig sagt: "Ach, da kannst du mich dann doch mit dem Auto abholen", dann sagen Sie freundlich und bestimmt: "Nein, das passt mir nicht - wir treffen uns gleich im Theater." Sie müssen keine Erklärung für Ihr Verhalten abgeben. Seien Sie liebenswürdig, und machen

Sie möglichst einen konstruktiven Lösungsvorschlag – und halten Sie sich dann an Ihre Aussage.

Schreiben Sie auf dem nächsten Arbeitsblatt mindestens fünf derartige Situationen auf, die Sie verändern möchten.

»Viele Menschen haben Probleme,
weil sie öfter JA sagen, anstatt auch
einmal ein NEIN zu äußern.«
Unbekannter Verfasser

Hier sage ich künftig nein

1.

2.

3.

4.

5.

Klopfen Sie sich selbst auf die Schulter für jedes Nein, bei dem Sie nicht gewankt haben. Halten Sie die Situationen hier fest:

1.

2.

3.

Positiv denken

Durch Ihre Gedanken bestimmen Sie die Qualität Ihres Lebens. Ihre heutige Situation ist ein Spiegelbild Ihrer Gedanken von gestern. Die Gedanken sind die Grundlage für Glück und Erfolg. Ihr Denken kann Sie in Hochstimmung oder in Depression versetzen, und Ihre Gedanken tragen eine enorme Kraft in sich. Nichts geschieht in dieser Welt, ohne dass es vorher gedacht wurde. Immer war zuerst der Gedanke – erst dann konnte die Tat folgen, egal, ob es sich um einen Kuss, einen Mord oder um die Konstruktion einer neuen Maschine handelte. Von allem war zuerst die – geistige beziehungsweise gedankliche – Vorstellung da.

Wir bestimmen unsere Gedanken, indem wir ihnen positive oder negative Inhalte geben. Was heißt positiv nun eigentlich? Das Fremdwörterbuch sagt: "bejahend, zustimmend, ein Ergebnis bringend, vorteilhaft, günstig, gut, sicher, genau." Sehen wir uns das Ganze im Englischen an, so finden wir als Erweiterung "to be positiv about something" = "sich einer Sache ganz sicher sein". Besser könnten wir das Wort nicht erklären. Positiv denken heißt, nicht am Erfolg der eigenen Pläne zweifeln, von der Kraft der eigenen Gedanken überzeugt sein. Setzen wir dies in die Praxis um:

Erstellen Sie sich für jede Woche eine Liste von zehn positiven Gedanken, die Sie realisieren wollen, zum Beispiel: sich nicht mehr ärgern, pünktlich im Büro sein, weniger essen, liebenswürdig zu den Kollegen sein. Überprüfen Sie jeden Abend, ob Sie Ihre positiven Gedanken umgesetzt haben. Die Punkte, die Sie am Ende der Woche nicht erfolgreich abhaken können, übertragen Sie auf die nächste Woche. Um Ihre Gedanken zu verstärken und die positiven Energien zu aktivieren, stellen Sie sich zu dem jeweiligen Punkt auch die entsprechende Situation vor Ihrem geistigen Auge vor.

»Erschrecken wir nicht, anders zu denken, anders zu sein, die Dinge einmal anders anzupacken, anders zu reden, anders zu schreiben, einen neuen Ton im Umgang mit anderen zu bringen – kurz etwas Neues zu tun. Persönlichkeiten sind deshalb Persönlichkeiten, weil sie Mut haben, anders zu sein.«

Emil Oesch

Positive Gedankenziele

Gedanke   Gedanke realisiert

1. Woche

1.

2.

3.

4.

5.

2. Woche

1.

2.

3.

4.

5.

Jede Situation hat verschiedene Aspekte, und es ist gar nicht so schwer, seinen Blick zu erweitern und neue Erkenntnisse, neue Möglichkeiten zu sehen. Was immer auch geschieht, überall ist etwas Positives für denjenigen zu entdecken, der offen dafür ist. Nur sind wir oft zu festgefahren in unserer Betrachtungs- und Denkweise, so dass wir nicht mehr in der Lage sind, auch andere Bereiche zu sehen. Nehmen Sie eine Blume – im Morgenlicht ist die Blüte noch etwas geschlossen, die Farbe der äußeren Blütenblätter ist in diesem Licht etwas dunkel. In der grellen Mittagssonne leuchten die Farben der geöffneten Blütenblätter hell, und abends im diffusen Licht sieht die Blüte zart und fein aus. Es ist immer dieselbe Blume, die wir sehen, doch die unterschiedlichen Lichtverhältnisse lassen sie immer wieder anders erscheinen. So ist es auch mit unseren Schwierigkeiten. Jedes Problem hat verschiedene Facetten. Wir können in dem Problem ein Hindernis sehen, wir können die Situation aber ebenso gut von allen Seiten beleuchten – und werden so ganz neue Lösungsmöglichkeiten entdecken. In jeder Schwierigkeit gibt es mindestens einen positiven Aspekt! Es liegt allein an uns, ihn zu sehen. Auch hier können wir durch gezieltes Üben lernen, das Positive zu sehen.

Positive Aspekte meiner Schwierigkeiten

Schwierigkeit Nr. 1 ...

... hat folgende Aspekte:

... hat folgende positive Aspekte:

Schwierigkeit Nr. 2 ...

... hat folgende Aspekte:

... hat folgende positive Aspekte:

Schwierigkeit Nr. 3 ...

... hat folgende Aspekte:

... hat folgende positive Aspekte:

Zum positiven Denken gehört Aufgeschlossenheit, das heißt, in jedem Menschen und in jeder Situation eine Chance zur Weiterentwicklung zu sehen. So gebe ich mir ebenso wie meinen Mitmenschen die Gelegenheit, Gutes zu tun. Wichtig ist, dass ich jede Möglichkeit dazu nutze.

»Nehmen wir den Menschen, wie er ist, machen wir ihn schlechter, als er ist. Nehmen wir den Menschen, wie er sein soll, dann machen wir ihn zu dem, der er werden kann.«

Goethe

Auch bei der Arbeit können wir mit einer positiven Einstellung zu größerer Erfüllung finden. Das zeigt uns deutlich die Geschichte von den Arbeitern, die sich auf einer Straße in Paris mit mächtigen Steinblöcken abmühten. Auf die Frage eines Spaziergängers – "Was machen Sie da?" – antwortete der eine: "Steine behauen." Der zweite meinte: "Geld verdienen." Aber der dritte antwortete: "Eine Kathedrale bauen." Menschen, die dabei sind, eine Kathedrale zu bauen, kann so leicht nichts aus der Bahn werfen – sie haben ein Ziel vor Augen, das ihnen die mühsame Arbeit, die notwendig ist für die Erreichung des Ziels, leicht macht.

So löse ich meine Angst auf

Wir haben festgestellt, wie sehr sich die Angst im Leben ausbreiten kann. Damit Sie Ihre Ängste vergessen können, haben wir vier Punkte für Sie erarbeitet, die Ihnen dabei helfen, Ihre Ängste aufzulösen:

1. Geistige Angstprojektion auf eine andere Person

Stellen Sie sich zwei Wochen lang bildlich vor, wie ein anderer sich in Ihrer Angstsituation befindet. Wenn Sie Angst vor dem Fahrstuhlfahren haben, dann stellen Sie sich Ihren Freund vor, wie er täglich im Aufzug fährt. Sehen Sie ihn vor Ihrem geistigen Auge, wie er ein- und aussteigt, wie der Aufzug sich nach oben und unten bewegt. Da es sich nur um eine Vorstellung und dabei auch um eine andere Person handelt, werden Sie sich bald wohlfühlen mit diesem Gedanken.

2. Bildhaftes Vorstellen der Angstsituation

In den nächsten zwei Wochen sehen Sie sich selbst in der Situation, die Ihnen Angst macht. Machen Sie sich bewusst, dass Ihnen absolut nichts passieren kann, schließlich erleben Sie die Situation nur in Gedanken. Gehen Sie mehrmals täglich geistig in diese kritische Situation – so lange bis Sie dabei ruhig sind, bis Sie sich nicht mehr aufregen. Stellen Sie sich die Situation ohne jegliche Angstgefühle vor. Es kann Ihnen gar nichts passieren!

3. Die Konfrontation mit der Realität

Nun schauen Sie sich den Fahrstuhl an, drücken den Knopf und blicken in die Kabine, wenn sich die Tür öffnet. Dann gehen Sie wieder. Diese Übung machen Sie so lange, bis auch das Betreten des Fahrstuhls Sie ganz kalt lässt. Als Nächstes gehen Sie in die Fahrstuhlkabine, schließen die Tür und öffnen sie gleich wieder. Auch das üben Sie einige Tage lang. Anschließend bleiben Sie im Fahrstuhl und fahren in die erste Etage.

Sie wissen, dass Ihnen nichts passiert, und erleben diese Erkenntnis nun als Realität.

Auf diese Weise arbeiten Sie sich Stockwerk für Stockwerk nach oben.

4. Die vollkommene Auflösung der Angst

Gehen Sie regelmäßig durch die Situationen, die Ihnen Angst eingeflößt haben. Auf diese Weise lösen Sie Ihre Angst ganz auf. Jeder Angstauslöser nutzt sich im Laufe der Zeit ab, wenn Sie in die Situation hineingehen – selbst wenn es erst nur durch eine bildhafte Vorstellung geschieht. Unsere Schritte zur Auflösung der Angst sind so klein, dass Sie jederzeit auch einmal wieder einen Schritt zurückgehen können, wenn Sie sich unsicher fühlen sollten. Sie werden Ihre Angst mit dieser Methode ganz auflösen können, wenn Sie konsequent an sich arbeiten.

Falls Sie Schwierigkeiten mit der Imagination haben sollten, malen Sie zum Beispiel ein Haus, eine Blume und so weiter auf ein Blatt Papier, und betrachten Sie diese Zeichnung eine Minute lang. Dann schließen Sie die Augen und stellen sich den gemalten Gegenstand vor. Dies wiederholen Sie so lange, bis es Ihnen leichtfällt, sich auch andere Gegenstände geistig-bildhaft vorzustellen. Von diesen Gegenständen können Sie dann leicht zu Lebenssituationen übergehen und sich vorstellen, wie Sie am Strand liegen, die Wellen plätschern hören und die Sonne auf Ihrer Haut spüren ...

Befreiung von Schuldgefühlen

Um wirklich frei zu werden, genügt es nicht, nur die Angst aufzulösen – wir müssen uns auch frei machen von Schuldgefühlen, die wir uns selbst eingeben oder die wir uns von anderen Menschen aufbürden lassen. Schuldgefühle sind immer nur eine Vorstellung in unserem Bewusstsein. Die einzige Schuld, die es gibt, ist die Unwissenheit – und wir sind bemüht, sie zu beseitigen. Wir wissen, dass Gott uns alles verziehen hat. Warum sollten wir strenger mit uns sein als Gott? Verzeihen wir uns – verzeihen wir uns alles, was wir falsch gemacht haben. Diese Fehler waren notwendig für unseren Weg der Erkenntnis, sie haben uns die Möglichkeit zum Lernen gegeben, und wir können die Konsequenzen daraus ziehen, können jetzt richtig handeln.

Machen Sie sich bewusst, welche Schuldgefühle sich bei Ihnen eingeschlichen haben, indem Sie das nächste Arbeitsblatt ausfüllen. Unterteilen Sie Ihre Notizen in Schuldgefühle, die Sie sich selbst einreden, und in solche, die Ihnen andere Menschen aufbürden. Wenn Sie sich schuldig fühlen, weil Sie einem Freund finanziell nicht aus der Patsche helfen konnten, da Sie selbst kein Geld haben, so gehört das zur ersten Kategorie. Wenn Ihr Partner Ihnen vorwirft, dass Sie schuld daran seien, dass er nicht glücklich ist, dann haben wir hier die Projektion von außen. Finden Sie die Ursachen heraus, damit solche destruktiven Gefühle aufgelöst werden können.

Im zweiten Fall sollten Sie erkennen, dass jeder für sein Leben selbst verantwortlich ist. Natürlich ist es viel einfacher, alle Schuld auf andere abzuwälzen, anstatt an sich zu arbeiten. Doch wenn Ihr Partner nicht glücklich ist, so liegt es an ihm - er geht lediglich den einfachen Weg, seine Enttäuschung über sich auf Sie abzuschieben. Solange Sie diesen Vorwurf annehmen, funktioniert das wunderbar, und Sie werden in dieser Situation verharren.

Ursache: Fehlende Eigenverantwortlichkeit des Partners.

Lösung: Machen Sie ihm die Situation klar, zeigen Sie ihm einen Weg zur Selbsterkenntnis auf, und lassen Sie seinen unberechtigten Vorwurf nicht auf sich wirken.

Wenn Sie Ihrem Freund, der in einer finanziellen Notlage ist, nicht helfen können, dann liegt die Ursache darin, dass er sich finanziell übernommen hat, also einen Fehler gemacht hat. Das Problem hat nichts mit Ihnen zu tun. Es gibt keinen Grund für ein Schuldgefühl. Jeder verursacht seine Probleme selbst und muss daher auch selbst die Lösung dafür finden – Sie haben genügend damit zu tun, Ihre Probleme zu lösen; Sie können nicht auch noch die Probleme anderer übernehmen.

Ursache: Liegt beim Freund.

Lösung: Er nimmt seine Situation an und steht dazu.

Schuldgefühle auflösen

A) Ich fühle mich schuldig an (innere Ursache)

Ursache: Lösung:

B) Ich fühle mich schuldig (äußere Ursache)

Ursache: Lösung:

Sieben Schritte zur Problemlösung

1. Schritt

Die Konfrontation mit dem Problem, das heißt die genaue Definition des Problems und des Ziels. In der **richtig formulierten Frage ist die Antwort** bereits enthalten.

2. Schritt

Alle Möglichkeiten gründlich durchdenken.
Was würde ich einem Freund in dieser Lage raten? Nicht umsonst sagen die Chinesen: "**Die eigenen Fehler erkennt man besten mit den Augen anderer.**"

Es ist immer einfacher, einem anderen einen guten Rat zu geben, weil wir in diesem Fall eine andere Perspektive einnehmen. Lassen wir uns selbst diese distanzierte Blickweise zugutekommen.

3. Schritt

Keine Ausrede gelten lassen.
"Ich kann das nicht", "ich bin zu schwach", "ich habe zu wenig Zeit oder Geld" – das sind Gedanken, die wir uns schleunigst für immer abgewöhnen sollten.

Machen Sie sich **ein neues Bild von sich** selbst: "Ich bin eine erfolgreiche Persönlichkeit." – Arbeiten Sie mit positiven Suggestionen, denn Sie wissen um die Wirkung Ihrer Gedanken: "Ich erreiche mein Ziel; ich meistere jede Situation souverän" und so weiter. Wenn Sie in Ihrem Problem die Möglichkeit erkennen, zu lernen und sich weiterzuentwickeln, dann werden Sie viel leichter damit umgehen und folglich auch eher eine Lösung finden können.

Erinnern Sie sich? **Leben ist lernen.** Gewissermaßen ist ein Problem sogar ein Kompliment des

Schicksals – je schwieriger das Problem, desto größer das Kompliment. Sehen Sie in einem Problem einen Maßanzug, der genau auf Ihre Situation zugeschnitten ist. Ihnen wird nie ein Problem zugemutet werden, für das Sie keine Lösung haben.

4. Schritt

Versuchen Sie die **praktische Erprobung** der besten Lösungsmöglichkeiten, sofern das möglich ist. Natürlich sollten Sie nicht gleich eine Ehe auf Probe eingehen, sondern lieber das Zusammenleben ohne Trauschein für eine bestimmte Zeit versuchen, und dann können Sie den nächsten Schritt wagen.

Falls Sie keine Lösungsmöglichkeit sehen, fragen Sie sich:

- Unter welchen Umständen gäbe es eine Lösung?
- Wie schaffe ich diese Umstände?

5. Schritt

Erprobte Pläne immer wieder nutzen. Das Leben stellt uns häufig wieder vor ähnliche Aufgaben. Mit leichten Änderungen lassen sich gute Erfahrungen – der jeweiligen Situation angepasst – immer wieder nutzen.

6. Schritt

Misserfolge erkennen.

Fragen Sie sich: Warum hat es so nicht geklappt? Es gibt auch einen – oder mehrere – andere Wege. Beginnen Sie wieder beim ersten Schritt.

Fazit: Für den Erfolgreichen ist der Misserfolg nur ein Zwischenergebnis.

7. Schritt

Den ersten Schritt zur Lösung **jetzt tun.** Jetzt ist immer der beste Augenblick, den ersten Schritt zu tun, denn dieser Moment kommt nie wieder zurück. Er ist unwiederbringlich vorbei, wenn Sie ihn nicht nutzen. Die Situation wird nie mehr so sein, wie sie eben war. Also – zögern Sie nicht, handeln Sie!

Der geistige Standpunkt ist entscheidend dafür, ob wir überhaupt ein Problem haben können. Jeder von uns ist eine ewig lebende Seele, und dieses heutige Leben ist nur eines von unzähligen, das uns immer wieder neue Erfahrungen ermöglicht. Unsere jetzige Schwierigkeit ist also nur eine von vielen, die wir mühelos bewältigen können – und wahrscheinlich schon einmal bewältigt haben. Warum also sollten wir uns hier aufregen? Wir werden ruhig und gelassen auch dieses Problem lösen und ihm die Bedeutung beimessen, die ihm zusteht – nämlich eine untergeordnete.

So entwickeln wir geradezu eine sportliche Einstellung zu unseren Schwierigkeiten. Wir suchen und finden in aller Ruhe die beste Lösung, führen sie durch und sind bereit für die nächste Aufgabe, die das Schicksal uns anbietet.

Betrachten Sie sich Ihr derzeitiges Hauptproblem, und lösen Sie es, indem Sie den sieben Schritten folgen.

Problemlösung in sieben Schritten:

171

Unser Anti-Ärger-Programm

Wir wissen um Ursache, Wirkung und Folgen des Ärgers. Sie wissen:

- Niemand kann mich ärgern - nur **ich** ärgere mich.
- Ich muss mich nicht ärgern, es sei denn, ich will es.
- Ärger kostet Kraft, Zeit und Gesundheit.
- Ärger bringt mir keinen Vorteil.

Ich löse deshalb den Ärger auf, indem ich ...
... nichts mehr von anderen erwarte.
... akzeptiere, dass jeder das Recht hat, so zu sein, wie er ist.
... mir alles verzeihe.
... anderen verzeihe.
... an jedem Problem wachse und dadurch lerne.
... Ärger in positive Energie umwandle.

... bewusst ja zu mir sage.

... mich für ein Leben ohne Ärger entscheide.

Um die Tür für das von uns angestrebte Leben ohne Ärger zu öffnen, gibt es drei Schlüssel:

1. Schlüssel

Es ist falsch zu denken, wir **müssten** uns über dieses oder jenes ärgern. In Wirklichkeit treffen wir unsere eigene freie Entscheidung – immer und in jeder Lage. Wir vermeiden Ärger, indem wir dem anderen sein Verhalten verzeihen – und zwar bevor wir beginnen, uns zu ärgern. Natürlich könnten wir auch zurückschlagen. Wir dürfen alles tun, sogar das, was uns schadet. Doch warum sollten wir? Wo läge der Nutzen?

Fazit: Niemand auf dieser Welt hat die Macht, uns zu ärgern – außer wir selbst. Indem wir verzeihen, erübrigt sich der Ärger.

2. Schlüssel

Wir ärgern uns, weil die Realität nicht mit unseren Erwartungen übereinstimmt. Wir könnten uns zwar bemühen, die Realität unseren Erwartungen anzupassen, das ist jedoch nicht immer durchführbar. Aber es ist immer möglich, unsere Erwartungshaltung aufzulösen. Sobald wir ohne Erwartungen leben, kann die Realität nicht mehr mit unseren Vorstellungen kollidieren – und wir machen uns frei vom Ärger. Wir erwerben ein neues Lebensgefühl ohne Enttäuschung, ohne verletzt, beleidigt, gekränkt oder aggressiv zu sein.

**Fazit: Im Loslassen unserer Erwartungen
liegt unser Gewinn.**

3. Schlüssel

Wir fragen nicht mehr danach, **wer** uns geärgert hat, sondern lieber danach, **was** uns ärgert. Die Beziehung zu unseren Mitmenschen bleibt dadurch ungetrübt, weil der Ärger nicht mehr personengebunden ist. Wir sind offen für den anderen, sprechen mit ihm und sind bereit, zuzuhören und den Ärger aus der Welt zu schaffen. Wenn uns dann tatsächlich immer noch etwas ärgert, erinnern wir uns daran, dass dies lediglich ein vorübergehender Zustand ist. Wir nutzen die Zeit konstruktiv, indem wir die Dinge, die noch nicht richtig sind, in Ordnung bringen. So vermeiden wir es, uns aufzuregen, und nutzen Kraft und Zeit auf positive Weise - zu unserem Vorteil.

Betrachten Sie sich Ihr größtes Ärgernis, und gehen Sie nach den drei Schlüsseln vor.

Der Ärger-Schlüssel

1. Schlüssel – die Entscheidung
Meine Entscheidung für Ärger:

Meine Entscheidung für Harmonie:

2. Schlüssel – die Erwartungshaltung
Was muss ich ändern?

Die Realität?

Oder meine Einstellung?

3. Schlüssel – was / wie?
Was hat mich geärgert?

Wie löse ich den Ärger auf?

Und jetzt stellen Sie sich vor den Spiegel und erzählen sich Ihren Ärger. – Sie werden das kaum eine Minute lang aushalten, weil Sie lachen müssen. Und ist es nicht wirklich lächerlich, worüber Sie sich eben noch geärgert haben?

Fazit: Lachen ist die beste Medizin.

Viele von uns ärgern sich über ihre Mitmenschen, besonders wenn sich Dummheit mit Dreistigkeit paart. Ihre nicht erfüllte Erwartungshaltung erzeugt Disharmonie in ihnen. Sie urteilen, gestehen einem anderen nicht zu, dumm **und** dreist zu sein, und verurteilen ihn dann. Sie akzeptieren entweder Dummheit oder Dreistigkeit, und damit setzen Sie Grenzen, die von einem dumm-dreisten Menschen verletzt werden. Die Unvollkommenheit dieser Menschen vereinbart sich damit nicht mit der vollkommeneren Erwartung. Und was passiert? Sie ärgern sich.

Wenn Sie zum Beispiel durch die Unvollkommenheit eines Mitmenschen in Zeitnot geraten, weil er unpünktlich ist, dann sollten Sie nicht ärgerlich und ungeduldig werden, sondern ihn darüber informieren, dass die vereinbarte Zeit vorbei ist. Wenn er noch etwas zu besprechen hat, dann geben Sie ihm einen neuen Termin. Sie treffen eine Entscheidung, zeigen eine konstruktive Lösung auf – und schon haben Sie die Ursache für ein Ärgernis abgebaut. Möchte jemand einen Termin bei Ihnen, dann betrachten Sie dies als ein Angebot. Haben Sie keine Zeit oder auch keine Lust, dann sagen Sie beispielsweise: "Jetzt geht es nicht, aber morgen habe ich wieder Zeit." So bleiben Sie auf einer neutralen Ebene, über die sich keiner zu ärgern braucht. Sie bestimmen die Lage durch Ihre Einstellung zur Situation. Sehen Sie daher auch im Klingeln des Telefons lediglich ein Angebot. Sie sind nicht verpflichtet, den Anruf anzunehmen. Sie entscheiden, ob und wann Sie jemanden sprechen möchten.

Indem wir negative Emotionen durch Erkenntnis auflösen, werden wir zu dem Menschen, der wir sein wollen.

Nun ärgern Sie sich auch über sich selbst, über die eigene Unvollkommenheit, zum Beispiel dass Sie nie rechtzeitig fertig werden. Die Lösung: Nehmen Sie sich einfach weniger vor! Sie kennen Ihr Tempo; Sie wissen aus eigener Erfahrung, wie viel Sie in einer bestimmten Zeit erledigen können.

Dabei sollten Sie immer Unvorhergesehenes einkalkulieren. Dann machen Sie sich Ihren Plan, was zu schaffen ist, und planen die restliche Arbeit für einen anderen Zeitraum ein. Setzen Sie dabei Prioritäten, machen Sie eine Liste, was wichtig ist und was warten kann. Nicht alles, was auf den ersten Blick dringlich und eilig erscheint, ist es auch. Setzen Sie die Wichtigkeit an die erste Stelle! Nehmen Sie dann Ihren Tagesplan, und erstellen Sie eine Zeitplanung: kurzfristig – mittelfristig – langfristig. Das bedeutet, dass Sie die wichtigsten Dinge zuerst erledigen, die weniger wichtigen können Sie auf die nächsten Tage verschieben. Doch Sie sollten sich ein Zeitlimit setzen – einen festen Termin, an dem jede Aufgabe erledigt sein muss.

Diese Listen können Sie für einen Tag, eine Woche, einen Monat bis hin zur Jahresplanung erstellen. Zur besseren Übersicht können verschiedene Farben verwendet werden. Streichen Sie die erledigten Punkte aus – so sehen Sie auf einen Blick, was noch zu tun ist. Nutzen Sie zudem Ihre gewonnenen Erkenntnisse für die nächste Terminplanung.

Zeitplanung

Ordnen Sie Ihre Aufgaben nach Wichtigkeit:
1. hätte Priorität, mit 2. folgt der zweitwichtigste
Punkt und so weiter.

Montag

Wichtig   **Termin:**   **Endtermin:**

1.

2.

3.

4.

5.

Je besser wir lernen, mit unserer Zeit umzugehen, desto mehr haben wir von diesem kostbaren Gut zur Verfügung. Der Erfolgreiche hat immer genügend Zeit für alles, was ihm wichtig ist. Nur der Erfolglose jammert über zu wenig Zeit. Lassen Sie sich Ihre Zeit nicht stehlen; weder von anderen noch durch eigenes sinnloses Vertrödeln. Zeit ist nicht nur Geld, sondern was viel wichtiger ist: Zeit ist Leben! Wir können unser Leben um fünf Jahre verlängern, wenn wir jeden Tag eine Stunde früher aufstehen. Weitere Jahre können wir gewinnen, wenn wir gesund und in Harmonie leben. Dieser Zeit können wir zudem eine bessere Qualität geben, indem wir bewusst leben. "Lebe jede Minute so, als wäre es deine letzte!" Was würden Sie tun, wenn Sie wüssten, Sie hätten nur noch ein Jahr zu leben? Sie würden die wichtigsten Dinge erledigen, würden nur noch das tun, was Ihnen Spaß macht. Und warum tun Sie das nicht schon heute? Vergeuden Sie Ihre Zeit nicht, leben Sie die Zeit, füllen Sie Ihre Zeit mit Ihren Werten, mit Freude, Liebe und Glück!

Tun Sie alles – in jeder Minute – ganz, wenden Sie sich jeder Aufgabe voll zu, so als wäre es die einzige. Das, was Sie nämlich im Moment tun, ist in diesem Augenblick das wichtigste. Auch Wartezeiten beim Friseur, am Bahnhof und so weiter können so bestens genutzt werden, indem Sie sich einen Tagesplan erstellen, einen Brief konzipieren oder mit unseren Arbeitsbögen arbeiten.

Streichen Sie "leere" Zeiten aus Ihrem Leben. Sicher kennen Sie Partys oder Vorträge, bei denen Sie im Vorfeld bereits wissen, dass Sie sich langweilen und sich hinterher fragen werden: "Warum bin ich nur wieder hingegangen, obwohl ich wusste, dass es uninteressant wird?" Ändern Sie solche Gewohnheiten! Nutzen Sie Ihre Zeit künftig sinnvoll. Dazu müssten Sie sich allerdings darüber im Klaren sein, was für Sie sinnvoll und schön ist ...

Zeit sinnvoll nutzen

Welche Beschäftigungen machen mich
glücklich und bereichern mein Leben?

1.

2.

3.

Welchen zeittötenden Gewohnheiten will ich
künftig nicht mehr nachgehen?

1.

2.

3.

»Ich weine meiner Unwürdigkeit,
wenn ich mein Leben sehe in den Händen
der nichtssagenden Stunden.«

Tagore

Die Schlüssel zum Glück

Wir haben uns mit unseren goldenen Schlüsseln der Erkenntnis den Weg geöffnet in eine Zukunft ohne Ärger. Wir wollen nun noch einen Schritt weitergehen und uns das Reich des Glücks erschließen:

1. Schlüssel

• Die Bedürfnisse reduzieren.

"Reichtum ist, wenn man mehr hat, als man braucht. Und am reichsten sind die Menschen, die auf das Meiste verzichten können."

Tagore

2. Schlüssel

• Loslassen

Jede Bindung verursacht unweigerlich Leid. Wir können glücklich werden, indem wir alle Bindungen loslassen: die Bindung an Dinge, an Menschen, an die Welt und an das Leben. Wir erhalten dafür Freiheit - die Freiheit, in jeder Minute zu gehen. Dann erst können wir, wo immer wir auch sind, das Leben in all seinen Formen genießen.

3. Schlüssel

• Rechtes Denken, Fühlen und Handeln

Wir setzen mit unseren Gedanken Ursachen. Jeder Gedanke ist ein Schöpfungsakt, und wir treten unser geistiges Erbe an, indem wir - bewusst - denken, uns in Gedankendisziplin üben. Dadurch setzen wir bewusst Ursachen und erhalten dafür das Leben, das wir wollen beziehungsweise das unseren Gedanken entspricht.

4. Schlüssel

◆ Erfülle den Augenblick.

Das, was wir tun, sollten wir mit ganzem Bewusstsein und mit Freude tun. Denn wenn es wert ist, überhaupt getan zu werden, dann ist es auch wert, gut und freudig getan zu werden.

5. Schlüssel

◆ Liebe deinen Nächsten.

Wir sollten uns selbst nicht so wichtig nehmen. Erkennen wir die Einheit allen Seins, erkennen wir in jedem Wesen das reine, individuelle Bewusstsein. Übernehmen wir deshalb auch für andere die Verantwortung, indem wir helfen und da sind.

>»Mache andere glücklich,
>und du wirst glücklich sein.«

6. Schlüssel

♦ Das Glück in sich selbst finden.

Solange wir es im Außen suchen, werden wir vergeblich suchen. Unser Glück ist abhängig von unserem inneren Sein: Bin ich mit der äußeren Welt in Harmonie, kann ich zufrieden sein. Bin ich aber mit der Schöpfung in Harmonie, fühle ich das Glück in mir.

7. Schlüssel

♦ Meditation und Gebet

Niemand wird ein erfülltes Leben leben und zur Vollkommenheit gelangen ohne diesen letzten Schlüssel. Er ist der wichtigste, der Hauptschlüssel – aber er wird am wenigsten genutzt.

> »Im Gebet spreche ich zu Gott.
> In der Meditation spricht Gott zu mir.«

Die Geheimnisse des Erfolgs

- Ich beginne jetzt ein neues glückliches und erfolgreiches Leben.
- Ich beginne jeden Tag mit Freude und Liebe in meinem Herzen.
- Ich setze mich beharrlich für meine Ziele ein.
- Ich lebe jetzt – so als wäre heute mein letzter Tag.
- Ich bin der Meister meiner Gefühle.
- Ich gebe allen Dingen ihren zustehenden Wert.
- Ich weiß, dass nichts beständiger ist als der ständige Wandel.
- Ich nehme mich deshalb nicht so wichtig.
- Ich handle JETZT.

- Ich glaube an die Allmacht, Allgegenwart und Allwissenheit des Unendlichen, Universellen und Unsichtbaren.

- Es genügt mir nicht, nur zu wissen – ich weiß, dass ich dieses Wissen auch anwenden muss.

- Es genügt mir nicht, nur zu wollen – ich muss es auch TUN.

Ich bin auf
dem richtigen Weg ...

- ... wenn ich mein Leben immer wieder daraufhin überprüfe, was zu ändern ist.

- ... wenn ich immer wieder in die Stille gehe, um meine Seele zu klären und meinen Blick für das Wesentliche zu schärfen.

- ... wenn ich erkenne, dass nicht der Platz wichtig ist, den ich habe, sondern, wie ich ihn ausfülle.

- ... wenn ich jedem Menschen gestatte, so zu sein, wie er ist.

- ... wenn ich ihm dann von vornherein alles vergeben kann.

- ... wenn ich erkenne, dass niemand mich ärgern, kränken, beleidigen, enttäuschen oder verletzen kann.

- ... wenn ich erkenne, dass ich allein über meine Gedanken und Gefühle entscheide.

- ... wenn ich hinter allem die Wahrheit und Wirklichkeit erkennen kann.

- ... wenn ich mein Leben in den Dienst am Nächsten stelle und der Gemeinschaft diene.

- ... wenn ich meinem wahren Selbst die Herrschaft über mich übergebe.

- ... wenn ich die Gesetze des Lebens erkenne und beachte und so mein geistiges Erbe antrete.

- ... wenn ich meinen Körper als Tempel Gottes rein halte.

- ... wenn ich erkenne, dass ich mein Schicksal verursache, und weiß, dass Gott will, dass ich gesund und glücklich bin.

- ... wenn ich erkenne, dass es weder unverdientes Glück noch unverdientes Leid gibt, sondern nur Ursache und Wirkung.

- ... wenn ich erkenne, dass jede Krankheit hilft zu verstehen, hilft, die Harmonie und Ordnung wiederherzustellen.

- ... wenn ich erkenne, dass der Mensch als Mitschöpfer berufen ist, und ich Gott bewusst durch mich wirken lasse.

- ... wenn ich meine Aufmerksamkeit mehr und mehr nach innen richte.

- ... wenn ich im Tod die Krönung des Lebens sehen kann und ich durch Loslassen von allem Äußeren leicht und friedlich sterbe.

- ... wenn ich weiß, dass ich reines Bewusstsein bin, das weder geboren werden noch sterben kann.

- ... wenn ich erkenne, dass das, was wir Leben nennen, nur ein Tag meines ewigen Seins ist.

- ... wenn ich erkenne, dass der beste Weg, sich für das nächste Leben vorzubereiten, darin liegt, dieses Leben wirklich zu leben.

- ... wenn ich gleich beim Erwachen den Tag Gott weihe.

- ... wenn ich all das, was ich schon als gut und richtig erkannt habe, auch praktisch lebe.

- ... wenn ich ja zu mir sagen kann.

Alles ist gut, so wie es ist!

Es war einmal ein Kalif, der schickte seinen Großwesir jedes Jahr zu einem weisen Mann, damit auch er Weisheit lernen möge. Als der Großwesir wieder einmal von dieser jährlichen Reise zurückkam, fragte ihn der Kalif, was er denn dieses Mal gelernt habe. Der Großwesir antwortete: "Alles ist gut, so wie es ist." Der Kalif sagte: "Na gut, aber was sonst noch?", doch der Großwesir antwortete immer nur: "Alles ist gut, so wie es ist." Kurz darauf ließ sich der Kalif die Haare schneiden, und der Friseur schnitt ihm dabei aus Versehen tief ins Ohr. Da sagte der Kalif zu seinem Großwesir: "Lasse diesen Mann bestrafen." Der Großwesir antwortete auch hierauf nur mit: "Alles ist gut, so wie es ist." Da wurde der Kalif sehr zornig und ließ den Großwesir ins Gefängnis werfen, dann ritt er aus. In seinem Zorn ritt er immer weiter und weiter und merkte nicht, dass er in das Gebiet der Menschenfresser kam. Die Menschenfresser fingen ihn und wollten ihn fressen, aber als sie seinen Schnitt am Ohr sahen, ließen sie ihn frei, denn sie fraßen nur makellose Menschen. Glücklich ritt der Kalif zurück in seinen Palast, ließ den Großwesir aus dem Gefängnis holen, um ihm die ganze Geschichte zu erzählen. Mit Tränen in den Augen entschuldigte er sich bei ihm und sagte: "Wenn dieser Schnitt nicht gewesen wäre, hätten mich die Menschenfresser gefressen. Ich Undankbarer stecke dich dafür auch noch ins Gefängnis!" Doch der Großwesir antwortete wieder nur: "Alles ist gut, so wie es ist." Der Kalif fragte: "Wieso soll das denn gut sein, wenn ich dich ins Gefängnis stecke dafür, dass du mir das Leben gerettet hast?" "Nun", sagte der Großwesir, "wenn du mich nicht ins Gefängnis gesteckt hättest, wäre ich doch bei dir gewesen, und mich hätten die Menschenfresser gefressen, denn mein Körper ist makellos."

Sie werden nach dieser kleinen Geschichte sagen, dass sicherlich noch ein langer Weg vor Ihnen liegt, bis Sie sich eine solche Gelassenheit erarbeitet haben werden. Doch Sie irren! Sie sind bereits auf diesem

Weg, und das Ziel ist viel näher, als Sie glauben. Denken Sie an Ihren Entschluss: **Schachmatt dem Ärger**, und sagen Sie **ja** zu einem erfüllten, bewussten Leben!

»Alles ist gut, so wie es ist.«

Über den Autor

Kurt Tepperwein wurde 1932 in Lobenstein geboren. Er war erfolgreicher Unternehmer und langjähriger Unternehmensberater, bis er sich 1973 aus dem Wirtschaftsleben zurückzog und Heilpraktiker sowie Bewusstseinsforscher wurde, um nach den wahren Ursachen von Krankheit und Leid zu suchen.

In seiner Naturheilpraxis hielt er für seine Patienten Seminare ab, die so großen Anklang fanden, dass sie heute in vielen Ländern veranstaltet werden. Er absolvierte vielfältige Ausbildungen und erfuhr unzählige Ehrungen. Seit 1997 ist Kurt Tepperwein Dozent an der Internationalen Akademie der Wissenschaften, und diese weltweite Lehrtätigkeit führte ihn nach Indien, Bali, Ägypten, Sri-Lanka, Aspen, Colorado, Kyoto und Tokio und Dohar/Katar und an viele andere interessante Orte, wo er nicht nur unterrichtete, sondern auch Land und Leute und die verschiedenen Kulturen und Philosophien studierte.Denn seine Ausbildung war und ist das Leben. Sein umfassendes Wissen hat Kurt Tepperwein in mehr als 80 Büchern und Hunderten von Videos, DVDs sowie Audio-CDs veröffentlicht und Menschen in aller Welt mit seiner Fähigkeit fasziniert, auch komplizierte Zusammenhänge in wenigen Worten verständlich zu machen. Er versteht es meisterhaft, die materielle und geistige Sicht der Dinge zu einem harmonischen Ganzen zu vereinen, und die Anwendung des von ihm etablierten Mental-, des Intuitions- und des Kausaltrainings ist heute für unzählige Menschen, nicht nur für Topmanager, Spitzensportler und Lebensberater, ein unverzichtbarer Teil ihres Lebens.

Weiterführende Informationen zu
Büchern, Autoren und den Aktivitäten
des Silberschnur Verlages erhalten Sie unter:
www.silberschnur.de

Sie können uns alternativ
die beiliegende *Postkarte* zusenden.

Ihr Interesse wird belohnt!

152 Seiten, broschiert
ISBN 978-3-89845-234-2
€ [D] 11,90

Kurt Tepperwein

Mentaltraining für Fortgeschrittene
Ein neuer Weg zur Persönlichkeitsentfaltung

Mentaltraining ist ein moderner Weg der Persönlichkeitsentfaltung, der überliefertes Wissen mit wissenschaftlichen Erkenntnissen verbindet. Dieses Buch stellt die Techniken des Mentaltrainings vor und zeigt, wie man diese in seinen Alltag integrieren kann. Schritt für Schritt erfährt der Leser, wie es ihm mit einfachen, aber wirksamen Methoden gelingen kann, sein Leben nach eigenen Wünschen zu gestalten. Nach der Lektüre werden Sie in der Lage sein, Ihr Meisterbewusstsein zu erwecken, mit Freude zu leben und Probleme mit Leichtigkeit zu lösen!

168 Seiten, broschiert
ISBN 978-3-931652-68-5
€ [D] 13,90

Kurt Tepperwein

Erfolg-Reich-Sein
Die dreißig Schritte in ein erfolgreiches Leben

In klaren Worten zeigt der bekannte Professor den Lesern, wie man sein Leben gestalten kann, um ein auf allen Ebenen erfolgreicher Mensch zu werden. Doch zuerst muss man die Grundsteine für seinen Erfolg selber legen. Wie man dabei vorzugehen hat, zeigt dieses Buch in überzeugender und Erfolg versprechender Art und Weise.

Kurt Tepperwein

Hilf Dir selbst, sonst tut es keiner

Was wir für unsere spirituelle und praktische Entwicklung tun können, ist das Thema dieses Buches des bekannten Lehrers für Lebenssinn und -freude. »Wenn Sie heute sterben würden, an was würden Sie noch hängen?« – Eine Frage, die uns bewusst macht, dass wir letzlich alles nur leihweise besitzen und dass es deshalb umso wichtiger ist, unsere Zeit und Energie den für uns wesentlichen Dingen zu widmen. Mit wunderbaren Meditationen und Praxistests, wie z. B. einer Methode zur Schmerz-

144 Seiten, broschiert
ISBN 978-3-931652-52-4
€ [D] 13.90

auflösung, entdecken Sie Wege, die Ihnen helfen können, die eigene Berufung zu finden und somit eins zu werden mit Ihrem wahren Selbst.

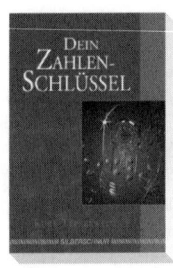

Dein Zahlenschlüssel

Durch diesen Zahlenschlüssel erfahren wir Entscheidendes über unsere Fähigkeiten und Eigenschaften, die wir aus früheren Leben mitgebracht haben, Interessantes über unseren »geheimen Persönlichkeitskern«, wir erkennen den Sinn unseres Lebens und unsere Hauptcharaktereigenschaften ... Wir haben so die Möglichkeit, unser Schicksal selbst zu gestalten und unsere Lebenssituation aktiv zu verbessern.

152 Seiten, broschiert
ISBN 978-3-89845-187-1
€ [D] 6.95

208 Seiten, Klappenbr.
ISBN 978-3-89845-331-8
€ [D] 12.90

Beate Bock

Un-Mögliches möglich machen
Ein Übungsbuch

Der Erfolgstitel zur positiven Veränderung
Die erfahrene Seminarleiterin Beate Bock legt hier ein Übungsbuch vor, das sie – zusammen mit ihren geistigen Freunden – aus der Praxis heraus für das alltägliche Leben entwickelt hat: eine Sammlung von 23 äußerst effektiven Übungen, um Schritt für Schritt mehr Liebe, Zufriedenheit und Erfolg im Leben zu erfahren: von Herzen loben; Verzeihen; Vertrauen; positiv denken; Lebensfreude. Ein Übungsbuch für jeden, der seinem Leben eine neue Richtung geben will!

160 Seiten, broschiert
ISBN 978-3-89845-322-6
€ [D] 12.90

Teymur Schafi-Neya

Was dich wirklich weiterbringt
Neue Wege für ein sinnhaftes Leben

Im Alter von 34 Jahren fand das angepasste Leben des Autors sein Ende. Plötzlich schien all das, was sein Leben vorher ausgemacht hatte, nicht mehr wichtig zu sein. Alles, was nun noch zählte, war die Suche nach den Antworten auf die essenziellen Fragen des Lebens: Warum bin ich hier, wer bin ich und was ist der Sinn des Lebens? Der erfolgreiche Unternehmensberater verbindet Spiritualität und Beruf. Er lässt uns an seiner Sinnsuche teilhaben und führt den Leser dabei zu tiefgründigen Einsichten, die es jedem ermöglichen, über seine begrenzte Sicht hinauszuwachsen, um kraftvoll zu agieren.

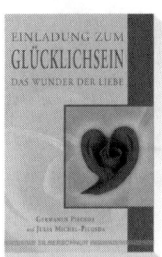

Germanus Piegsda & Julia Michel-Piegsda

Einladung zum Glücklichsein

Das Wunder der Liebe

Ein Buch, in dem es um die großen Fragen geht, die sich jeder Mensch stellt: Es geht um Geist und Seele, um Gott – oder was man darunter verstehen mag –, um die Macht der Gedanken und der Worte, um Reinkarnation und Genetik und vor allem und immer wieder um die Liebe ...

128 Seiten, broschiert
ISBN 978-3-89845-251-9
€ [D] 6,95

Die Autoren verstehen es, auf diese existenziellen Fragen Antworten zu geben. Man wird einfühlsam an die Hand genommen, um schrittweise und didaktisch gekonnt durch ein Labyrinth an komplexen Themen geführt zu werden. Dieses sympathische Buch ist für Menschen gedacht, die positiv denken, handeln und lieben wollen ...

Franziska Krattinger

Erfolgsrezepte

Greife nach den Sternen, wenn du wachsen willst!

Menschen leben in ihren Gewohnheiten, und sie wiederholen sich ständig. Um seine Gewohnheiten, die allein aus fixiertem Denken entstehen, zu ändern, muss der Mensch zuerst auf andere Gedanken kommen. Denn andere Gedanken bringen neue Vorstellungen, und diese bringen neue Lebenssituationen. Die richtige Einstellung macht jeden Menschen zum Gewinner! Franziska

160 Seiten, Klappenbr.
ISBN 978-3-89845-054-6
€ [D] 9,90

Krattinger hilft den Menschen, auf andere Gedanken zu kommen und so ihr Leben mit wahrer Freude, tiefer Liebe und verstärktem Bewusstsein dauerhaft zu verändern, um sich so den Weg durch den Alltag zu erleichtern.